JN162575

からだが喜ぶ！藤井恵のおつまみ献立

居酒屋藤井亭開店です

ここ数年、居酒屋好きが高じて
東京を中心に、ときには東北や関西にまで足をのばし、
気になる居酒屋をめぐって
おつまみの研究を続けてきました。
さすが！　と感嘆するようなプロの技と知恵が
詰まったおつまみに出会うこともたびたびで、
ほろ酔いながらも全神経を集中させて味を覚え、
家で何度も試作し、家庭でも作りやすいよう
アレンジをくり返してきました。
晩酌は一日の楽しみ。欠かすことはありませんから、
わが家では、おつまみ＝夕食のおかずになります。
この本でご紹介するおつまみは、
家族と自分の健康のために、おいしさはそのまま、
野菜たっぷりで脂肪や甘味は控えめにと
ヘルシーさも考慮した自信作ばかり。
「居酒屋　藤井亭」、厳選のおしながきともいえる一冊です。
一日の楽しい締めくくりに活用していただけるとうれしいです。

好みのおつまみを
各章から選ぶだけで
簡単にヘルシーな
献立がたてられます

この本は、各章から1品ずつ好みのメニューを選ぶだけで
自然にヘルシーな献立になるように構成されています。
献立は、味つけや食感の違うおかずを組み合わせるのが理想ですが、
毎日のことですから、「これ、食べたい」「冷蔵庫にある材料で」
といったラクな物差しで考えてよいと思います。
ただ、野菜のおつまみは必ず1品、
できれば2〜3品入れると、健康を考えるうえで安心です。

藤井流献立のたてかた

まず1品、野菜のおつまみを決め、あとは手間や材料、味の好みでおつまみを選びます。これで、手間なし献立からしっかり献立まで組み合わせ自在。〆はおなかと相談してお好みで。

からだにうれしいヘルシー献立

・納豆の温玉、おかかのっけ（p.17）
・小松菜、青梗菜の漬け物風（p.39）
・ひじきとしいたけの煮物（p.40）

青菜の漬け物風の小鉢は塩分控えめなので、緑黄色野菜がたっぷりとれます。低カロリーなひじきとしいたけは砂糖を使わない煮物にして、糖質オフかつお酒が生きる味わいに。納豆のネバネバ効果でおなかもすっきり。

・春菊、ささ身、えのきの白あえ（p.24）

・わかめおでん（p.39）

・長芋のなめたけかけ（p.16）

だしのしみたわかめをつまみながらゆっくり呑むことで、小鉢だけでも満足感のある献立に。ささ身入りの白あえでたんぱく質もしっかり補給。長芋となめたけのシャキシャキ、ぬめぬめの食感が箸休めにぴったりです。

おなかも満足！しっかりメインを食べたい献立

・くみ上げ湯葉の梅わさびのせ（p.17）
・手羽先の照り焼き（p.50）
・水菜と桜えびのごまサラダ（p.37）

手羽先の香ばしさとコクが引き立つよう、梅とわさびをアクセントにしたくみ上げ湯葉でグッと大人の献立に。もう1品は、シャキシャキの水菜と桜えびで食感が楽しめるサラダにします。

ささっと簡単！手間なしスピード献立

・ちくわきゅうりの土佐酢かけ（p.14）
・こんにゃくそぼろ煮（p.15）
・トマトのザーサイあえ（p.15）
・アボカド、納豆とのりの佃煮あえ（p.15）

切るだけ、あえるだけのおつまみは、ザーサイやのりの佃煮、土佐酢を使うとうま味が出て、味つけも一発で決まります。もう1品は、作り置きのそぼろ煮を器に盛るだけ。小皿盛りで食卓を華やかに見せるのもポイントです。

おしながき

一章

二章

三章

四章

コラム

五章

この本のきまり

- 材料表に「砂糖」とある場合は、きび砂糖、塩は自然塩、豆乳は無調整豆乳を使用しています。
- 大さじは15㎖、小さじは5㎖、1カップは200㎖です。
- 塩少々は、親指と人差し指の指二本でつまんだ量で、小さじ1/8〜1/10（約0.5g）です。
- だしは、かつお節と昆布の合わせだしか、市販の和風だしの素を袋の表示にしたがって使用してください。
- 電子レンジの加熱時間は、600Wの場合の目安です。500Wなら1.2倍、700Wなら0.8倍を目安に加熱します。
- オーブントースターの加熱時間は1000Wの場合の目安です。
- グリルは、両面焼きの魚焼きグリルを基準にしています。

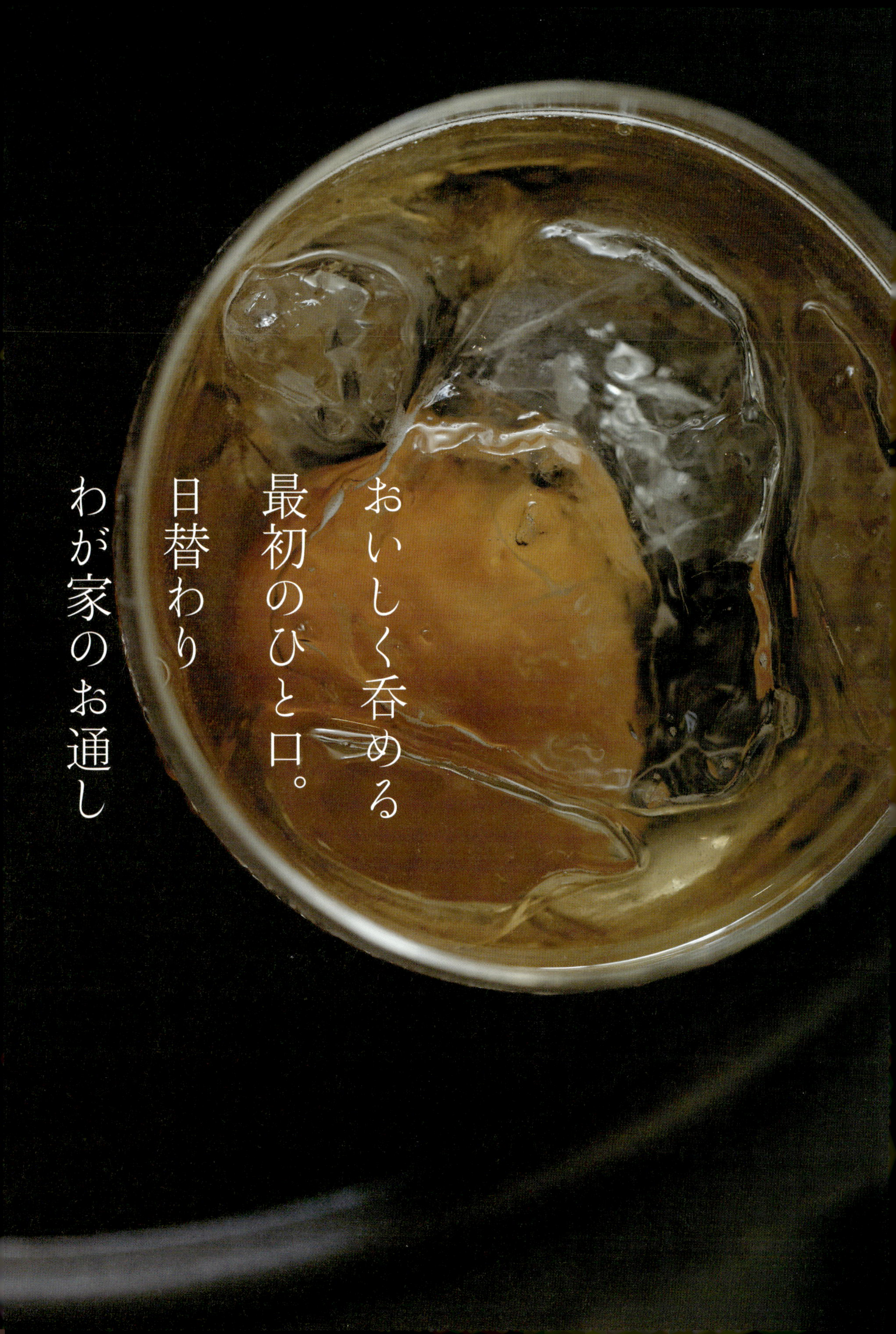
おいしく呑める
最初のひと口。
日替わり
わが家のお通し

一、ちくわきゅうりの土佐酢かけ
二、明太大根
三、プルーンの生ハム、クリームチーズ詰め
四、塩蒸し豆
三
四
一
二

三 材料と作り方（2人分）

ドライプルーン（種抜き）── 6個
生ハム ── 2枚
クリームチーズ ── 40g

1 生ハムは長さを3等分ずつに切る。クリームチーズは6等分に切る。

2 生ハムは1切れずつ広げ、クリームチーズを1切れずつのせて包み、プルーンの穴に詰める。同様にして計6個作る。

3 焼き網を熱し、2をのせて全体をさっとあぶり、半分に切る。

四 材料と作り方（2人分）

p.88の塩蒸し豆適量を器に盛る。

二 材料と作り方（2人分）

辛子明太子 ── ½腹
酒 ── 小さじ1
大根 ── 5mm厚さの輪切り2枚
一味唐辛子 ── 適量

1 耐熱皿に明太子をのせて酒をかけ、ラップをかけて電子レンジで1分ほど加熱する。冷まして8等分の輪切りにする。

2 大根はそれぞれ4等分のいちょう切りにする。大根に明太子を等分にのせ、一味唐辛子をふる。

一 材料と作り方（2人分）

ちくわ ── 2本
ミニきゅうり＊ ── 2本
土佐酢（p.92）── 大さじ2

＊普通サイズのきゅうりの場合は、1本を縦4つ割りにして長さを半分に切る。

1 ちくわの穴にきゅうりを詰めて1cm厚さに切る。器に盛り、土佐酢をかける。

三
一
四
二
一、アボカド、納豆とのりの佃煮あえ
二、トマトのザーサイあえ
三、こんにゃくそぼろ煮
四、いぶりがっこのクリームチーズサンド

四 材料と作り方（2人分）

いぶりがっこ ── 5cm

A ｜ クリームチーズ ── 40g
　 ｜ 牛乳 ── 大さじ1/2

1　いぶりがっこは、10等分の薄い輪切りにする。

2　Aは混ぜ合わせる。

3　いぶりがっこ1切れは縁を引っ張ってのばし、2を1/10量のせて半分に折ってはさむ。残りも同様にして計10個作る。

二 材料と作り方（2人分）

トマト ── 2個

味つけザーサイ ── 30g

ごま油 ── 小さじ1/2

粗びき黒こしょう ── 適量

1　トマトは8等分のくし形切りにする。ザーサイはせん切りにする。

2　ボウルにザーサイ、ごま油を入れて混ぜ、トマトを加えてあえる。

3　器に盛り、粗びき黒こしょうをふる。

三 材料と作り方（2人分）

p.88のこんにゃくそぼろ煮適量を器に盛る。

一 材料と作り方（2人分）

アボカド ── 1個

A ｜ 納豆 ── 1パック
　 ｜ のりの佃煮 ── 大さじ1
　 ｜ わさび（すりおろす）
　 ｜ 　── 小さじ1

万能ねぎ（斜め切り）── 適量

1　アボカドは2cm角に切る。ボウルにAを入れて混ぜ、アボカドを加えて混ぜる。

2　器に1を盛り、万能ねぎをのせる。

四
一
三
二
一、薬味納豆
二、いちじくの酒粕クリームあえ
三、ひと口押しずし
四、長芋のなめたけかけ

三 材料と作り方（作りやすい分量）

白身魚（刺身用さく。鯛など）— 100g
おぼろ昆布または
とろろ昆布 — 10g
塩 — 少々
温かいごはん — 300g
すし酢（p.92）
— 大さじ3
いり白ごま — 小さじ1
木の芽 — 適量

1 魚は薄いそぎ切りにして塩をふる。バットにおぼろ昆布を敷いて魚を重ならないように並べて10分ほどおく。

2 ボウルにごはんを入れ、すし酢、ごまを加えてさっくり混ぜる。

3 小さめのバットなどにラップを敷いて2を詰め木の芽の葉をちらし、1をおぼろ昆布を下にしてすき間ができないようにのせ、ラップをかけて手でギュッと押す。ラップを外して食べやすく切り、木の芽をのせる。

二 材料と作り方（2人分）

ドライいちじく — 50g
A｜酒、水 — 各小さじ1
B｜白みそ — 大さじ1½
　｜酒粕、サワークリーム
　｜— 各大さじ1

1 いちじくは半分に切り、耐熱ボウルに入れてAをかけ、ラップをして電子レンジで1分ほど加熱し、そのまま冷ます。

2 別のボウルにBを入れて混ぜ、1を汁ごと加えてあえる。

一 材料と作り方（2人分）

納豆 — 1パック
わけぎ（小口切りにして水にさらす）— 2本
刻みのり
— 適量
練り辛子、しょうゆ
— 各適量

1 器に納豆を盛り、わけぎ、刻みのりをのせて練り辛子を添え、しょうゆをかける。

一、納豆の温玉、おかかのっけ
二、たくあんのじゃこ煮
三、くみ上げ湯葉の梅わさびのせ
四、しょうゆ豆

三 材料と作り方（2人分）

くみ上げ湯葉 ── 100g
梅干し ── 1個
わさび（すりおろす）── 小さじ2

1　梅干しは種を除いてたたく。
2　器に湯葉を盛り、1、わさびをのせる。

四 材料と作り方（2人分）

ゆで大豆（p.89または市販品）── 100g
しょうゆ ── 小さじ1
練り辛子 ── 適量

1　器にゆで大豆を盛り、しょうゆをかけ、練り辛子を添える。

一 材料と作り方（2人分）

納豆 ── 2パック
温泉卵 ── 2個
万能ねぎ（小口切りにして水にさらす）── 4本
糸がつお ── 5g
A　だし ── 大さじ2
　　しょうゆ ── 小さじ2

1　器に納豆を盛り、温泉卵をのせ、万能ねぎ、糸がつおをのせ、混ぜ合わせたAをかける。

二 材料と作り方（2人分）

p.89のたくあんのじゃこ煮適量を器に盛る。

四（p.16）

材料と作り方（2人分）

長芋 ── 10cm
ミックスなめたけ（p.89）── 大さじ3〜4
いり白ごま ── 適量

1　長芋は粗く刻んで器に盛り、なめたけをかけ、ごまを散らす。

コラム1

好きなおちょこで呑むひとときがいちばんの楽しみです

ここ数年、晩酌はもっぱら日本酒です。
お酒をよりおいしくしてくれるのが、
お気に入りのおちょこ。
子育てに忙しかった頃は、酒器を
気にする余裕もありませんでしたが、
今は、自分の時間を彩ってくれるものとして、
少しずつ集めています。
居酒屋で、かごに入ったたくさんのおちょこから、
好きなものを選ぶのも、私にとっては大事な勉強。
さまざまなものの中から選ぶことで
自分の好みがわかってきますし、
呑み心地や使いやすさを
その場で確かめられるのもいいんです。
お酒を温めるときに使う「ちろり」ですが、私は冷酒のときにも愛用。
お酒のおいしい温度を保つ
機能性と美しさをお店で知って以来、手放せません。

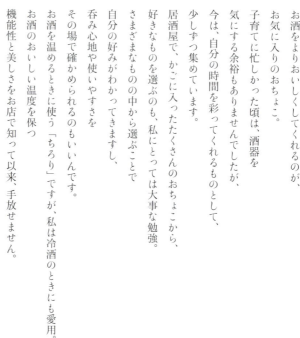

一章

小腹を満たす野菜の小鉢

わが家の食卓に必ず登場し、
最初に箸をつけるのは決まってお浸しやあえ物、
サラダ、浅漬けなどの野菜のおつまみ。
旬の野菜の持つ味わい深さは、
お酒との相性も格別です。

からだがほっとする野菜のおつまみ。献立のバランスもよくなります

食事をおろそかにしていると必ずといっていいほど
家族も自分も体調を崩してしまいます。
ですから、わが家のおつまみに野菜は欠かせません。
野菜のおつまみは、手をかけすぎないことが大事。
持ち味を生かすことで、お酒の邪魔にならず、
たっぷり食べられるのです。
野菜を食べておくと、悪酔いしにくくなるのもうれしいところです。

小松菜とスナップえんどうの煮浸し

材料と作り方（2人分）

小松菜 — 150g
スナップえんどう — 100g
みょうが — 1個
A | だし — 1カップ
  | しょうゆ — 小さじ1
  | 塩 — 小さじ½

1. 小松菜は4〜5㎝長さに切る。スナップえんどうは斜め半分に切る。みょうがは縦半分に切って斜め薄切りにする。
2. 鍋にAを入れて強火にかけ、煮立ったら小松菜、スナップえんどうを加えて2〜3分煮る。みょうがを加えて火を止め、そのまま冷ます。

ブロッコリーとアボカドの黒ごまあえ

材料と作り方（2人分）

ブロッコリー ── ½株
アボカド ── ½個
A｜すり黒ごま ── 大さじ2
　｜砂糖、水 ── 各大さじ½
　｜しょうゆ ── 小さじ1

1 ブロッコリーは小房に分ける。アボカドは小さめのひと口大に切る。

2 ブロッコリーは塩少々（分量外）を入れた熱湯でゆで、ザルに上げる。

3 ボウルにAを混ぜ合わせ、アボカド、ブロッコリーを加えてあえる。

カリカリきゅうりのポテトサラダ

材料と作り方（4人分）

きゅうり ── 1本
塩 ── 小さじ1
スライスハム ── 4枚
A｜砂糖、しょうゆ、酢 ── 各小さじ1
　｜しょうが（細切り） ── 1かけ
じゃが芋 ── 2個
B｜白ワインビネガー ── 大さじ½
　｜オリーブオイル ── 大さじ1
　｜塩 ── 小さじ¼
　｜こしょう ── 少々
C｜マヨネーズ ── 大さじ3
　｜塩 ── 少々
粗びき黒こしょう ── 適量

1 きゅうりは1cm厚さの輪切りにし、塩をふってしんなりするまで30分以上おいて洗い、しっかり水気を絞る。ハムは1cm角に切る。

2 小鍋にAを入れて強火で熱し、煮立ったら1のきゅうりを加え、ひと混ぜして火を止める。そのまま粗熱が取れるまでおき、煮汁ごとポリ袋に移し入れ、空気を抜いて口を縛り60分ほどおく。

3 じゃが芋は皮をむいてひと口大に切る。鍋に入れてかぶるくらいの水（分量外）を注いで中火にかけ、煮立ったら弱めの中火で竹串がすっと刺さるようになるまで10〜15分ゆでる。湯を捨てて再び火にかけ、粉が吹くまであおる。熱いうちにつぶしてBを順に加えてそのつど混ぜ、冷ます。

4 ボウルにハム、汁気をきった2、3、Cを入れてあえ、粗びき黒こしょうをふる。

春菊、ささ身、えのきの白あえ

材料と作り方(2人分)

春菊 ── 150g
鶏ささ身 ── 2本
A | しょうがの搾り汁、酒 ── 各小さじ1
えのきだけ ── ½袋
B | だしまたは水 ── 大さじ2
　| 塩、しょうゆ ── 各少々
木綿豆腐 ── ⅓丁
C | 練り白ごま ── 小さじ1
　| 砂糖、しょうゆ ── 各小さじ½
　| 塩 ── 小さじ⅓

1 春菊は葉と茎に分けてさっとゆで、水に取り、水気を絞って茎は斜め薄切り、葉は3cm長さに切る。えのきだけは長さを半分に切る。豆腐はペーパータオルに包んで重石をして水気をきる。

2 耐熱皿にささ身を入れ、Aをかけてラップをし、電子レンジで1分加熱し、そのまま冷まして細かく裂く。蒸し汁は取っておく。

3 鍋にB、えのきだけ、2のささ身と蒸し汁、春菊を入れて中火にかけ、煮立ったら混ぜて火を止めてそのまま冷ます。

4 豆腐はすり鉢に入れてすり、Cを加えて混ぜ、汁気をきった3を加えてあえる。

トマトの塩昆布サラダ

材料と作り方（2人分）

トマト ── 2個

A｜塩昆布 ── ふたつまみ
　｜レモンの搾り汁 ── 大さじ1/2
　｜いり白ごま、ごま油
　｜　── 各小さじ1

1 トマトは1cm厚さのいちょう切りにする。

2 ボウルにAを混ぜ合わせ、トマトを加えてあえる。

アスパラの和風タルタル添え

材料と作り方（2人分）

グリーンアスパラガス ── 6本

ゆで卵（かたゆで） ── 1個

A｜いぶりがっこ（みじん切り） ── 10g
　｜オリーブオイル ── 大さじ2
　｜白ワイン ── 大さじ1/2
　｜塩 ── 小さじ1/4

1 アスパラガスは塩少々（分量外）を入れた熱湯でやわらかくなるまでゆで、ザルに上げる。長さを半分に切る。

2 ゆで卵はみじん切りにしてボウルに入れ、Aを加えて混ぜる。

3 器にアスパラガスを盛り、2を添える。

わけぎのぬた

材料と作り方（2人分）

わけぎ ― 150g
酢みそ（p.93）* ― 大さじ3
練り辛子 ― 適量

*代用…A［白みそ大さじ2/だしまたは水小さじ2/砂糖大さじ½］、B［ゆずの搾り汁または酢小さじ2/練り辛子少々］をp.93の酢みそと同様に作る。

1 わけぎは塩少々（分量外）を入れた熱湯でさっとゆで、ザルに上げて冷まし、4〜5cm長さに切る。

2 ボウルにわけぎ、酢みそを入れてあえる。

3 器に2を盛り、練り辛子をのせる。

キャベツとみょうがの塩水漬け

材料と作り方（2人分）

キャベツ ― 200g
みょうが ― 1個
青じそ ― 5枚
A | 塩 ― 小さじ1弱
　| 水 ― 1カップ
かつお節 ― 適量

1 キャベツは3cm角に切る。みょうがは縦半分に切り、縦薄切りにする。青じそは細切りにする。

2 ポリ袋にA、キャベツ、みょうが、青じそを入れ、空気を抜いて口を縛り、常温でしんなりするまで30分ほどおく。

3 器に2を盛り、かつお節をのせる。

和風ピクルス

材料と作り方（2人分）

p.90の和風ピクルス適量を器に盛る。

にんじんのみそきんぴら

材料と作り方（2人分）
にんじん — 1本
サラダ油 — 大さじ½
A｜酒 — 大さじ1
　｜みそ — 小さじ2
七味唐辛子 — 適量

1. にんじんは斜め薄切りにしてから、細切りにする。
2. フライパンにサラダ油を中火で熱し、にんじんを入れてやわらかくなるまで炒め、混ぜ合わせたAを加えて炒め合わせる。
3. 器に2を盛り、七味唐辛子をふる。

さつま芋のごまきんぴら

材料と作り方（2人分）
さつま芋 — 1本（200g）
サラダ油 — 大さじ2
照り焼きダレ（p.92）*
　— 大さじ½
いり黒ごま — 適量

*代用…しょうゆ・酒各小さじ½、砂糖・みりん各小さじ¼を混ぜ合わせる。

1. さつま芋は皮つきのまま7〜8㎜厚さの薄切りにし、7〜8㎜幅の斜め細切りにする。水にさっとさらし、水気をふき取る。
2. フライパンにサラダ油、さつま芋を入れて中火にかけ、薄く色づくまで炒める。油をふき取り、照り焼きダレを加えて汁気がなくなるまで強火でからめる。
3. 器に2を盛り、ごまを散らす。

揚げ長芋の塩辛バター

材料と作り方（2人分）

長芋 ── 5cm
揚げ油 ── 適量
いかの塩辛 ── 大さじ2
バター ── 5g

1. 長芋は皮つきのまま長さを2等分に切り、上面に十字に切り込みを入れる。
2. 揚げ油を170℃に熱し、長芋を入れて竹串を刺してすっと通るようになるまで6〜7分揚げる。
3. 器に2を盛り、いかの塩辛、バターをのせる。

クレソンのサラダ

材料と作り方（2人分）

クレソン ── 50g
きゅうり ── 1本
A | わさび（すりおろす） ── 小さじ1
土佐酢（p.92）* ── 大さじ2
オリーブオイル ── 小さじ2

*代用…酢小さじ4、だし小さじ2、砂糖小さじ1、塩・しょうゆ各小さじ1/5弱を混ぜ、かつお節大さじ1を入れてひと煮する。

1. クレソンは葉を摘み、茎は斜め薄切りにする。きゅうりは太めの棒状に切る。
2. ボウルにAを混ぜ合わせ、クレソン、きゅうりを加えてあえる。

きゅうりに包丁を浅く刺して、刃を上に返しながらパキッと折るようにして棒状に切る。

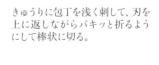

野菜の山椒あんかけ

材料と作り方（2人分）

里芋 — 小4個
なす — 2本
にんじん — ⅓本
かぶ — 小2個
ブロッコリー — ⅓株
揚げ油 — 適量
A | だし — 1½カップ
　| 酢・砂糖 — 各大さじ3
　| 塩 — 小さじ½
　| しょうゆ — 大さじ1
　| 片栗粉 — 大さじ1
粉山椒 — 適量

1 里芋は半分に切る。なす、にんじんは1cm厚さの輪切りにする。かぶは4〜6等分のくし形切りにする。ブロッコリーは小房に分ける。

2 鍋に熱湯を沸かして塩少々（分量外）を入れ、にんじんを2〜3分、かぶを1〜2分、ブロッコリーを1分ほどゆでてザルに上げる。

3 揚げ油を170℃に熱し、里芋を入れて5〜6分揚げて取り出す。揚げ油を200℃にし、なすを入れて薄く色づくまで揚げて取り出す。

4 鍋にAを入れて強火にかけ、混ぜながら煮立たせ、とろみをつける。

5 器に2、3を盛って4をかけ、粉山椒をふる。

キャベツとトマトスライスのサラダ

材料と作り方（2人分）

キャベツ — 150g
トマト — 2個
A | 基本のドレッシング（p.93）*
　| 　— 大さじ1½
　| しょうゆ、ごま油 — 各小さじ1
粗びき黒こしょう — 適量

*代用…オリーブオイル小さじ2、白ワインビネガー小さじ1強、玉ねぎのすりおろし小さじ½弱、塩・こしょう各少々を混ぜ合わせる。

1 キャベツはせん切りにする。トマトは縦半分に切ってから、横薄切りにする。

2 ボウルにキャベツ、Aを入れてあえる。

3 器に2を盛り、周囲にトマトを少しずつずらして盛り、粗びき黒こしょうをふる。

なすのカリカリフリット

材料と作り方（2人分）

なす ── 2本

A
- マヨネーズ ── 大さじ1
- 塩 ── 小さじ1/3
- 水 ── 大さじ4

B
- 小麦粉 ── 大さじ5
- ベーキングパウダー ── 小さじ1/3

揚げ油 ── 適量

1. なすは余分なガクを除いて縦4等分に切る。
2. ボウルにAを入れて泡立て器で混ぜ、Bをふるいながら加えてよく混ぜる。
3. なすを2に入れてからめ、160℃に熱した揚げ油に入れてカリッとするまで5〜6分揚げる。

豆腐の青唐辛子サラダ

材料と作り方（2人分）

絹ごし豆腐 — 1丁（300g）

A
- 青唐辛子（小口切り） — 1本
- にんじん（みじん切り） — 1/4本
- 長ねぎ（みじん切り） — 5cm
- しょうが（みじん切り） — 1かけ
- かつお節 — 1パック（3g）
- しょうゆ — 大さじ1

1 豆腐はペーパータオルで包んで5分ほどおき、半分に切る。

2 器に豆腐を盛り、混ぜ合わせたAをかける。

レタス漬け

材料と作り方（2人分）

p.91のレタス漬け適量を器に盛る。

豆とひじきの粒マスタードサラダ

材料と作り方（2人分）

塩蒸し豆（p.88） — 100g
芽ひじき（乾燥） — 10g
A｜基本のドレッシング（p.93）* — 大さじ3
　｜粒マスタード — 小さじ1

*代用… オリーブオイル小さじ5弱、白ワインビネガー小さじ2½弱、玉ねぎのすりおろし小さじ2½弱、塩小さじ⅕、こしょう少々を混ぜ合わせる。

1 芽ひじきはたっぷりの水に10分ほど浸して戻し、洗って水気をきり、熱湯で1～2分ゆでてザルに上げる。

2 ボウルにAを混ぜ合わせ、塩蒸し豆、1を加えてあえる。

もやしとザーサイのお浸し

材料と作り方（2人分）

もやし — 1袋
味つけザーサイ — 40g
A｜だし — 1カップ
　｜塩 — 小さじ½
ラー油 — 少々

1 もやしは熱湯でさっとゆで、ザルに上げる。ザーサイは細切りにする。

2 小鍋にザーサイとAを入れて強火にかけ、煮立ったら火を止めて冷ます。もやしを加えて15分ほどおく。

3 器に2を盛り、ラー油をかける。

なめこのなめたけ風おろし

材料と作り方（2人分）

なめこ ── 1袋（100g）

A │ しょうゆ、酒 ── 各大さじ½
　│ みりん ── 小さじ1
　│ 砂糖 ── 小さじ¼

大根おろし ── 1カップ

1　鍋になめこ、Aを入れて中火にかけ、煮立ったら弱火で1分ほど煮る。または、耐熱ボウルになめこ、Aを入れ、ラップをかけて電子レンジで1分ほど加熱する。

2　器に大根おろしを盛り、1をかける。

アボカドと湯葉の土佐酢あえ

材料と作り方（2人分）

アボカド ── ½個

生湯葉 ── 50g

土佐酢（p.92）* ── 大さじ3

長ねぎ（せん切りにして水にさらす）── 適量

*代用 … 酢大さじ2、だし大さじ1、砂糖小さじ¾、塩・しょうゆ各小さじ¼を混ぜ合わせる。

1　アボカドは8等分のくし形切りにする。生湯葉は食べやすく切る。

2　器にアボカド、生湯葉を盛って長ねぎをのせ、土佐酢をかける。

揚げじゃがの甘辛からめ

材料と作り方（2人分）

じゃが芋 ── 2個

照り焼きダレ（p.92）*

── 大さじ2

揚げ油 ── 適量

七味唐辛子 ── 少々

*代用…しょうゆ・酒各小さじ2、砂糖・みりん各小さじ1を混ぜ合わせる。

1 じゃが芋は皮つきのままひと口大に切る。

2 フライパンに1を入れ、揚げ油をじゃが芋の半分の高さまで入れて強火にかける。揚げ油が泡立ってきたら中火にし、こんがり揚げ色がつくまで揚げて取り出す。

3 2のフライパンの揚げ油をあけてさっとふき取り、照り焼きダレを入れて中火にかけ、煮立ったら2を加えてからめる。

4 器に3を盛り、七味唐辛子をふる。

トマトのカマンベール白みそあえ

材料と作り方（2人分）

トマト ── 2個

A ｜レモンの搾り汁、はちみつ

｜── 各小さじ1

｜塩 ── 小さじ1/4

カマンベールチーズ ── 1/4個（30g）

白みそ ── 大さじ1

1 トマトは8等分のくし形に切ってAをからめる。

2 カマンベールチーズは細かくたたいて耐熱ボウルに入れ、白みそを加えて混ぜ、ラップをして電子レンジで30秒ほど加熱する。

3 2にトマトを加えてあえる。

きゅうりのQチャン風

材料と作り方（2人分）

p.90のきゅうりのQチャン風適量を器に盛る。

れんこんまんじゅうの揚げだし

材料と作り方（2人分）

れんこん ── 1節
片栗粉 ── 大さじ1
揚げ油 ── 適量
A
- だし ── 1カップ
- 片栗粉 ── 大さじ½
- しょうゆ ── 小さじ1
- 塩 ── 小さじ⅓

B
- 万能ねぎ（斜め切り）、わさび（すりおろす）── 各適量

1. れんこんはすりおろし、団子状にひとまとまりになる程度に水気を絞る。ボウルに入れ、片栗粉を加えて混ぜ、2等分して団子状に丸める。
2. 揚げ油を170℃に熱し、1を入れて3〜4分揚げる。
3. 小鍋にAを入れて中火にかけ、混ぜながらとろみがつくまで煮る。
4. 器に2を盛り、3をかけ、Bをのせる。

芋のミックスクリームチーズサラダ

材料と作り方（2人分）

里芋、じゃが芋 ── 各1個
さつま芋 ── ½本

A
- クリームチーズ（常温に戻しておく）── 30g
- 牛乳 ── 大さじ1
- レモンの搾り汁 ── 大さじ½
- にんにく（すりおろす）── 少々
- 塩 ── 小さじ⅓

1 里芋は皮をむき、半分に切る。じゃが芋は皮をむいて4等分に切る。さつま芋は皮つきのまま2cm厚さのいちょう切りにし、さっと洗う。

2 耐熱ボウルに1を入れ、ラップをして電子レンジで5分ほど加熱し、3分ほど蒸らす。

3 別のボウルにAを入れ、2を加えて粗くつぶしてあえる。

水菜と桜えびのごまサラダ

材料と作り方（2人分）

水菜 ── 100g
いり白ごま ── 大さじ2
桜えび（乾燥）── 10g
ごま油 ── 大さじ1
土佐酢（p.92）* ── 大さじ2

*代用 … 酢小さじ4、だし小さじ2、砂糖小さじ1、塩・しょうゆ各小さじ1/5強を混ぜ、かつお節大さじ1を入れてひと煮する。

1　水菜は3cm長さに切って耐熱ボウルに入れる。ごまは粗く刻む。

2　フライパンにごま油を中火で熱し、桜えびを入れてカリッとするまで炒めて取り出し、火を止める。

3　2のフライパンに土佐酢を入れてひと混ぜし、1の水菜にかけてあえる。

4　器に3を盛り、2、ごまを散らす。

かぼちゃ団子のおかか揚げ

材料と作り方（2人分）

かぼちゃ ── 1/6個
照り焼きダレ（p.92）*
　── 大さじ1
小麦粉、溶き卵、がつお節、
　揚げ油 ── 各適量
おろししょうが ── 適量

*代用 … しょうゆ・酒各小さじ1、砂糖・みりん各小さじ1/2を混ぜ合わせる。

1　かぼちゃはひと口大に切り、さっと洗う。耐熱ボウルに入れ、ラップをして電子レンジで5分ほど加熱し、そのまま2分ほど蒸らす。水気をふき取ってつぶし、照り焼きダレを加えて混ぜる。

2　1を6等分して丸め、小麦粉、溶き卵、かつお節の順に衣をつける。

3　揚げ油を180℃に熱し、2を入れて2分ほど揚げる。おろししょうがを添える。

揚げなすとピーマンの南蛮漬け

材料と作り方（2人分）

なす ── 3本
ピーマン ── 2個
A｜赤唐辛子（小口切り）── 1本
　｜だし ── 1/4カップ
　｜酢、しょうゆ ── 各大さじ2
　｜砂糖 ── 小さじ2
揚げ油 ── 適量
B｜青ねぎ（小口切りにして水にさらす）
　｜── 適量
　｜しょうが（すりおろす）── 1/2かけ

1　なすは縦半分に切って皮目に斜めに5mm幅の切り込みを入れ、長さを半分に切る。ピーマンは縦半分に切って1cm幅の斜め切りにする。

2　小鍋にAを入れて煮立て、火を止める。

3　フライパンに揚げ油を1cm深さほど入れて180℃に熱し、なすを入れて薄く色づくまで揚げて取り出す。次にピーマンを入れてさっと揚げて取り出す。

4　バットに3を入れて2をかけ、10分以上おく。

5　器に4を盛り、Bをのせる。

小松菜、青梗菜の漬け物風

材料と作り方（2人分）

p.91の小松菜、青梗菜の漬け物風適量を食べやすく切って器に盛る。

わかめおでん

材料と作り方（2人分）

わかめ（塩蔵）── 80g

A
- 煮干しだし ── 1½カップ
- みりん、酒 ── 各大さじ½
- しょうゆ ── 小さじ1
- 塩 ── 小さじ⅓

粉山椒 ── 適量

1. わかめは洗って水に5分ほど浸して水気を絞り、食べやすく切る。
2. 鍋にAを入れて中火にかけ、煮立ったらわかめを加え、再び煮立ったら火を止める。
3. 器に2を盛り、粉山椒をふる。

春菊と韓国のりのサラダ

材料と作り方（2人分）

春菊 ── 100g

長ねぎ ── 10㎝

韓国のり ── 1パック（5g）

A｜すし酢（p.92）* ── 大さじ2

　｜ごま油 ── 小さじ1

粗びき赤唐辛子 ── 適量

*代用 … 酢大さじ1、砂糖小さじ2強、塩小さじ⅓を混ぜ合わせる。

1　春菊は葉を摘み、茎は斜め薄切りにする。長ねぎは斜め薄切りにして水にさらし、水気をきる。

2　ボウルにAを入れて混ぜ、長ねぎ、春菊の葉と茎、韓国のりを加えてあえる。

3　器に2を盛り、粗びき赤唐辛子をふる。

ひじきとしいたけの煮物

材料と作り方（2人分）

芽ひじき（乾燥） ── 10g

干ししいたけ ── 3枚

だし ── 1〜1½カップ

A｜しょうゆ ── 大さじ1

　｜みりん ── 大さじ1

いり白ごま ── 大さじ½

1　ひじきはたっぷりの水に浸して戻し、水気をきる。

2　干ししいたけは水½カップ（分量外）に浸して戻し、軸を除いて薄切りにする。戻し汁は取っておく。

3　2の戻し汁全量にだし適量を加えて1½カップにする。

4　鍋にひじき、干ししいたけ、3、Aを入れて中火にかけ、煮汁が少し残るくらい15分ほど煮る。器に盛り、ごまをふる。

ねぎもやしの中華風

材料と作り方（2人分）

もやし ── 1袋
万能ねぎ ── 5本
A｜酢、しょうゆ ── 各大さじ½
｜ごま油 ── 小さじ1
｜砂糖、練り辛子 ── 各小さじ½
練り辛子 ── 適量

1 もやしは熱湯でさっとゆで、ザルに上げる。万能ねぎは5cm長さに切る。

2 ボウルにAを入れて混ぜ、もやし、万能ねぎを加えてあえる。

3 器に2を盛り、練り辛子をのせる。

長芋の梅漬け

材料と作り方（2人分）

p.91の長芋の梅漬け適量を器に盛り、いり白ごま適量をのせる。

甘さ控えめ、いつもの煮物がおつまみに変身

桜えびおから

材料と作り方（作りやすい分量）

おから ― 200g
しいたけ ― 4枚
長ねぎ ― ½本
サラダ油 ― 大さじ2
桜えび（乾燥） ― 20g
A　だし ― 1½カップ
　　酒、みりん ― 各大さじ2
　　しょうゆ ― 大さじ1
　　塩 ― 小さじ½

1　フライパンにおからを入れて中火にかけ、ふわっとするまでから炒りする。しいたけは薄切りにする。長ねぎは小口切りにする。

2　鍋にサラダ油を中火で熱し、しいたけ、長ねぎを入れてしんなりするまで炒める。桜えびを加えてさっと炒め、おからを加えて全体に油が回るまでよく炒める。

3　2の鍋にAを加え、弱火の中火でときどき混ぜながら15〜20分煮る。

郵 便 は が き

料金受取人払

麴町局承認

4378

差出有効期限
2019年
9月3日まで
(切手不要)

102-8720

439

東京都千代田区九段北
4－2－29

株式会社世界文化社
編集企画コミュニケーション部
『からだが喜ぶ！
藤井 恵のおつまみ献立』係 行

フリガナ
氏名

年齢 歳

1 未婚 2 既婚

1男 ・ 2女

住所 〒 －

都道
府県

TEL ( )

e-mail

ご職業 (当てはまる番号に○をしてください)

1.会社員 2.会社経営・役員 3.自営業 4.自由業 5.公務員・教員 6.専業主婦
7.パート・アルバイト 8.家事手伝い 9.学生 10.その他( )

よく読む新聞、雑誌名等をお書き下さい。

新聞名 ( ) 雑誌名 ( )

※ 今後の企画の参考にするため、アンケートのご協力をお願いしています。ご回答いただいた内容は個人を特定できる部分を削除して統計データ作成のために利用させていただきます。ハガキやデータは集計後、速やかに適切な方法で廃棄し、6ヶ月を超えて保有いたしません。

※ 今後、弊社から読者調査やご案内をお送りしてもよろしいでしょうか。
ご承諾いただける方は右の□にチェックをつけてください。 承認します…□

Q.1 本書をどのようにしてお知りになりましたか?

1. 新聞で（朝日・読売・毎日・産経・その他【　　　　】）
2. 雑誌で（雑誌名　　　　　　　　　　　　　　　　）
3. 店頭で実物を見て
4. 人にすすめられて
5. インターネットのホームページを見て
6. その他［　　　　　　　　　　　　　　　　　］

Q.2 本書をお求めになった書店を教えてください。

都・道・府・県　　　　　　　　　　書店

Q.3 今後お読みになりたいテーマと著者、その理由を教えてください。

（テーマ：　　　　　　　）（著 者：
理 由：　　　　　　　）

Q.4 本書の印象について。

内　容　（わかりやすい・普通・わかりにくい）
　　　　（使いやすい・使いにくい）
価　格　（高い・普通・安い）
デザイン（よい・普通・悪い）

Q.5 本書の内容について、感想をお聞かせください。

あなたのご意見・ご感想を、本書の新聞・雑誌広告や世界文化社のホームページ等で

1.掲載してもよい　2.掲載しないでほしい　3.匿名なら掲載してもよい

ご協力ありがとうございました。

切り干し大根の煮物

材料と作り方（作りやすい分量）

切り干し大根 ― 40g
油揚げ ― 1枚
にんじん ― $\frac{1}{3}$本
ごま油 ― 大さじ1
だし ― $1\frac{1}{2}$カップ
A　しょうゆ、みりん ― 各小さじ2
　　塩 ― 小さじ$\frac{1}{2}$

1　切り干し大根は洗ってひたひたの水に15分ほど浸して戻し、水気を絞る。油揚げは油抜きし、厚みを開いて細切りにし、食べやすい長さに切る。にんじんはせん切りにする。

2　鍋にごま油を中火で熱し、にんじんを入れて炒め、しんなりしたら切り干し大根を加えて全体に油が回るまで炒める。

3　2の鍋に油揚げ、だしを加えて5分ほど煮て、Aを加えて煮汁が少し残るくらいまで煮る。

車麩の揚げ煮

材料と作り方（作りやすい分量）

車麩 ― 12枚
絹さや ― 50g
揚げ油 ― 適量
A　だし ― 2カップ
　　しょうゆ ― 大さじ1
　　塩 ― 小さじ1

1　車麩はたっぷりの水に浸して戻し、水気をしっかり絞る。絹さやは塩少々（分量外）を入れた熱湯でさっとゆで、水に取る。

2　揚げ油を180℃に熱し、車麩を入れて薄く色づくまで揚げる。

3　鍋にAを入れて強火にかけ、煮立ったら2を加えて2〜3分煮る。火を止めて冷まし、器に盛り、絹さやを加える。

高野豆腐の煮物

材料と作り方（作りやすい分量）

高野豆腐 ── 6枚
揚げ油 ── 適量
A｜だし ── 3カップ
　粒黒こしょう（つぶす）── 大さじ½
　みりん ── 大さじ1
　しょうゆ ── 小さじ2
　塩 ── 小さじ½
粗びき黒こしょう ── 適量

1 高野豆腐はぬるま湯に浸して戻し、水気を絞って半分に切る。

2 フライパンに揚げ油を1cm深さほど入れて170℃に熱し、高野豆腐を入れて表面がカリッとするまで揚げる。

3 鍋にAを入れて中火にかけ、煮立ったら2を加え、落としブタをして15分ほど煮る。

4 器に3を盛り、粗びき黒こしょうをふる。

刻み昆布と豚肉の炒り煮

材料と作り方（作りやすい分量）

刻み昆布（乾燥）── 30g
水 ── 3カップ
豚バラ肉焼き肉用 ── 200g
塩 ── 小さじ½
にんじん ── 1本
サラダ油、ごま油 ── 各大さじ½
A｜刻み昆布の戻し汁、酒 ── 各大さじ3
　しょうゆ ── 大さじ½

1 刻み昆布はさっと洗って分量の水に10分ほど浸して戻し、水気をきる。戻し汁は取っておく。豚肉は1cm幅に切り、塩をふって10分ほどおく。にんじんは長さを3等分に切ってせん切りにする。

2 フライパンにサラダ油、ごま油を入れて中火で熱し、豚肉を入れて肉の色が変わるまで炒め、にんじんを加えて全体に油が回るまで炒める。

3 2のフライパンに刻み昆布を加えて炒め合わせ、Aを加えて混ぜ、フタをして弱火で7〜8分煮る。

ずいきと油揚げの煮物

材料と作り方（作りやすい分量）

干しずいき ― 40g
油揚げ ― 2枚
A｜だし ― 1カップ
　｜しょうゆ、酒
　｜　― 各大さじ$1\frac{1}{2}$
　｜みりん ― 大さじ1

1　干しずいきはたっぷりの水に10分ほど浸して戻し、もみ洗いをして水気を絞る。たっぷりの熱湯で5分ほどゆでて水に取り、水気を絞って食べやすく切る。油揚げは油抜きし、1cm幅に切る。

2　鍋にA、ずいき、油揚げを入れ、少しずらしてフタをして中火にかけ、煮汁が少し残るくらいまで煮る。

刻み昆布の梅風味煮

材料と作り方（作りやすい分量）

刻み昆布（乾燥）― 30g
水 ― 3カップ
梅干し ― 2個
しょうゆ ― 小さじ1
A｜かつお節
　｜　― 2パック（6g）
　｜ゆかり ― 小さじ$\frac{1}{2}$

1　刻み昆布はさっと洗って分量の水に10分ほど浸して戻し、水気をきる。戻し汁は取っておく。梅干しは種と実に分け、実をちぎり、種は取っておく。

2　鍋に刻み昆布と戻し汁1カップ、しょうゆ、梅干しの種と実を入れて中火にかけて10分ほど煮る。梅干しの種を取り除き、Aを加えて混ぜる。

コラム2

近所のワインショップは私のコンシェルジュです

密かに「私のワインコンシェルジュ」と呼んでいるのが、
ワインブティック「ANYWAY-GRAPES」の
オーナー高橋寿典さん。
とにかく知識の豊富さとこだわりがすごい。
ワインを最高の品質に保つために
温度15℃、湿度80％に保たれた店内には
ヨーロッパや南アフリカなど世界中に足を運んで、
ぶどうが育つ土壌や栽培法、輸送時の品質管理にいたるまで
自分の目で見て納得して買い付けたものだけがずらり。
合わせる料理、価格帯を伝えれば、
間違いなくおいしいワインを選んでもらえますし、
「もうちょっとお手頃なもので」というお願いにも
気持ちよく応じてくれます。
私の作るおつまみは和風が多いのですが、
スパークリングとロゼは、
焼き鳥、天ぷら、すき焼き、かき料理、
火を通した魚介料理など和食全般に合うとのこと。
白ワインのかすかに塩気を感じる
潮風の強い産地のものは、お刺身にもおすすめ。
赤ワインは、あまり濃厚なものでなければ
肉料理、しょうゆを使った料理、
スパイシーな煮物に合うなど、
伺うたびに教わっています。
全国発送にも対応しているので、
一度電話やメールで問い合わせてみては。

「1本3,000円以下で」と予算を伝えて選んでいただいた、
家呑みにぴったりの3本。
左／シャトー・ド・ロレ　クレマン・ド・ロワール　ブリュット・ゼロ
中央／マス・サン・ローラン ブラン レ・ヴィエィユ・ヴィーニュ ロゼ
右／クラインザルゼ ヴィンヤード セレクション シャルドネ

Conceptual Wine Boutique Anyway-Grapes
東京都世田谷区経堂2-13-1-B1
営業時間：12時～24時【定休日：火曜】
03-6413-9737（Tel）/ 03-6413-9736（Fax）
mail@anyway-grapes.jp（メール）

二章

定番から今どきの味までメインになるおつまみ

どんなに居酒屋をめぐっても、本当に印象に残るおつまみは、案外少ないものです。味つけや作り方など試行錯誤を重ねた肉や魚、豆腐、卵のメインになるおつまみを余すところなくご紹介します。

お酒がすすむ味つけは
甘さ控えめ
からだにもやさしい

日本酒、ビール、ワイン、どれも大好きなのですが、
糖質をとりすぎるのではと気になっていました。
そこで、おつまみの味つけを甘味控えめにしてみたところ、
これが大正解。
スッキリした味でお酒の味がよくわかるんです。
香味野菜やスパイスでアクセントをつけるのが
お酒の邪魔をせず、メリハリを出すコツです。

手羽先の照り焼き

材料と作り方（2〜3人分）

鶏手羽先 ── 6本

A｜酒 ── 大さじ1
　｜水 ── 1/3カップ

照り焼きダレ（p.92）* ── 大さじ2

*代用…しょうゆ・酒各小さじ2、砂糖・みりん各小さじ1を混ぜ合わせる。

1 手羽先は裏側から骨に沿って切り込みを入れる。

2 鍋にA、手羽先を入れて強火にかけ、煮立ったらフタをして中火で汁気がほとんどなくなるまで6〜7分煮る。照り焼きダレを加えてからめる。

3 グリルに2を並べて強火で焼き（片面焼きの場合は途中で上下を返す）、焼き色がついたら煮汁をかけて、さらにこんがり焼く。同様にあと1〜2回くり返す。

肉じゃが

材料と作り方（2人分）

じゃが芋 — 小4個
にんじん — 1/3本
牛赤身薄切り肉 — 150g
サラダ油 — 大さじ1/2
しょうが（せん切り） — 1かけ
だしまたは水 — 1カップ
A
酒 — 大さじ2
砂糖 — 大さじ1
薄口しょうゆ — 小さじ2
みりん — 大さじ1/2
青ねぎ（小口切りにして水にさらす） — 1本

1. じゃが芋は皮をむいてさっと洗い、水気をふく。にんじんは乱切りにする。牛肉は6〜7cm長さに切る。
2. 鍋にサラダ油、しょうがを入れて中火で熱し、香りが立ったらじゃが芋を入れて、ときどき転がしながら薄く焼き色がつくまで焼く。
3. 2の鍋ににんじん、牛肉の順に加えてそのつど炒め、肉の色が変わったらだしまたは水を加えて煮る。
4. 3が煮立ったらアクを除き、フタをして強めの中火で5分ほど煮る。Aを加えて中火で煮汁が少し残るくらいまで煮る。
5. 器に4を盛り、青ねぎをのせる。

煮魚

材料と作り方(2人分)

金目鯛の切り身 — 2切れ
ごぼう — 1/3本
しょうが — 1かけ
A | 酒 — 1/4カップ
　| 砂糖、しょうゆ — 各大さじ2
　| みりん — 大さじ1
　| 水 — 1カップ

1. 金目鯛は皮目に切り目を入れる。ごぼうは5〜6cm長さに切って縦4〜6等分に切る。しょうがは皮をむき、せん切りにする。皮は取っておく。
2. 直径20cmのフライパンにしょうがの皮、Aを入れて中火にかけ、煮立ったら金目鯛を皮を上にして入れ、あいたところにごぼうを入れる。紙ブタをして、ときどき煮汁をスプーンですくってかけながら、10〜15分煮る。
3. 器に2を盛り、せん切りにしたしょうがをのせる。

はんぺん入り ふわふわ 卵焼き

材料と作り方(2人分)

卵 — 2個
はんぺん — 1/2枚
A | だし — 大さじ4
　| 塩 — 少々
ごま油 — 小さじ1
B | 青じそ、大根おろし — 各適量

1. ミキサーに卵、はんぺん、Aを入れてなめらかになるまで攪拌する(ミキサーがない場合は、泡立て器ではんぺんをつぶしながら混ぜる)。
2. 卵焼き器にごま油小さじ1/4を塗って中火で熱し、1の1/4量を流し入れて広げ、表面までほぼ火が通るまで焼き、向こう側から手前にむけて巻く。
3. 卵焼きを向こう側に寄せ、ごま油小さじ1/4を塗り、1の残りの1/3量を流し入れて広げ(卵焼きを持ち上げて下にも入れる)、表面までほぼ火が通るまで焼く。同様にあと2回くり返す。
4. 3を食べやすく切って器に盛り、Bを添える。

きつねコロッケ

材料と作り方（2人分）

じゃが芋 ── 1個
玉ねぎ ── ¼個
油揚げ ── 2枚
豚ひき肉 ── 100g
A｜しょうが（すりおろす）── ½かけ
　｜酒 ── 大さじ1
水 ── ½カップ
照り焼きダレ（p.92）* ── 大さじ2
揚げ油 ── 適量
B｜練り辛子、しょうゆ ── 各適量

*代用…しょうゆ・酒各小さじ2、砂糖・みりん各小さじ1を混ぜ合わせる。

1　じゃが芋は皮をむいて小さめのひと口大に切り、さっと洗って水気をきる。玉ねぎは粗みじん切りにする。油揚げは長さを半分に切り、切り口を袋状に開き、裏返す。

2　鍋にひき肉、Aを入れて中火にかけ、混ぜながら肉がポロポロになるまで炒りつける。分量の水を加え、煮立ったらアクを除き、じゃが芋と玉ねぎを加え、フタをして10分ほど煮る。

3　2の鍋に照り焼きダレを加え、フタをして煮汁がほとんどなくなるまで煮る。熱いうちにつぶす。

4　油揚げ1切れに3を¼量詰めて口を楊枝で留める。残りも同様に計4個作る。

5　揚げ油を180℃に熱し、4を入れてこんがり揚げる。

6　器に5を楊枝を抜いて盛り、Bを添える。

鶏の梅から揚げ

材料と作り方（2人分）

鶏もも肉 ── 1枚
A｜梅肉 ── 大さじ1
　｜いり白ごま、オイスターソース
　｜　── 各大さじ½
　｜しょうが酒（p.93）* ── 大さじ2
　｜しょうゆ ── 小さじ1
小麦粉 ── 大さじ1
揚げ油 ── 適量

*代用…しょうがのすりおろし小さじ1、酒大さじ1⅔を混ぜ合わせる。

1　鶏肉はひと口大のそぎ切りにし、Aをもみ込んで10分以上おき、小麦粉を加えて混ぜる。

2　揚げ油を170℃に熱し、1を入れてこんがりするまで4〜5分揚げる。

いわしの梅しそ天ぷら

材料と作り方（2人分）

いわし（3枚におろしたもの）— 2尾
塩 — 小さじ1/3
焼きのり — 全形1枚
青じそ — 4枚
A | 梅肉 — 大さじ1
　| わさび（すりおろす）— 小さじ1
B | 天ぷら粉、水 — 各大さじ2
揚げ油 — 適量

1 いわしは塩をふって10分ほどおき、水気をふき取る。

2 焼きのりは半分に切って縦長に置き、青じそを2枚ずつ横向きにのせ、その上に1を2切れずつ縦向きにのせる。Aを半量ずつ塗って手前からくるくると巻く。

3 ボウルにBを混ぜ合わせ、2を入れてからめ、180℃に熱した揚げ油に入れて2分ほど揚げる。

4 3を食べやすく切って器に盛る。

野菜の肉巻き蒸し 明太ソース

材料と作り方（作りやすい分量）

豚ロース薄切り肉 — 6枚（70g）
A | 酒 — 小さじ1
　| 塩 — 少々
万能ねぎ — 3本
しめじ — 1/2パック
辛子明太子 — 1/2腹
B | 酒 — 大さじ1
　| だしまたは水 — 大さじ1

1 豚肉はAをからめる。万能ねぎは5cm長さに切る。しめじは小房に分ける。明太子は薄皮を除く。

2 1の豚肉を1枚ずつ広げて縦長に置き、3枚に万能ねぎを1/3量ずつのせて手前からくるくると巻き、計3個作る。残りの豚肉3枚にしめじを1/3量ずつのせて同様に巻き、計3個作る。

3 耐熱皿に2を並べ、蒸気の上がった蒸し器で5分ほど蒸す。またはラップをして電子レンジで3分ほど加熱し、そのまま2分ほど蒸らす。

4 小鍋にB、明太子を入れ、混ぜ合わせて中火にかける。煮立ったら混ぜ、明太子の色が変わるまでひと煮する。

5 器に3を盛り、4をかける。

牛すじ、キャベツ、車麩のおでん

材料と作り方（作りやすい分量）

牛すじ肉 — 300g
キャベツ — 大4枚
車麩 — 4枚
A ｜しょうが（薄切り）、にんにく — 各1かけ
　｜酒 — ½カップ
　｜水 — 3カップ
だし — 2〜3カップ
B ｜薄口しょうゆ — 大さじ1
　｜塩 — 小さじ1
ゆずこしょう — 適量

1 鍋に熱湯を沸かし、キャベツを入れて1〜2分ゆでてザルに上げる。次に牛すじを入れて2分ほどゆで、ザルに上げて水で洗い、ひと口大に切る。

2 別の鍋に牛すじ、Aを入れて強火にかけ、煮立ったら弱火で40〜50分煮る。

3 キャベツの葉脈をめん棒でたたいて平らにし、手前と横の片側を内側に折り込んでくるくる巻き、開いている端を中に押し込む。残りも同様に計4個作る。

4 2の煮汁を漉し、だしを足して5カップにして鍋に戻し入れる。牛すじも戻し入れ、3、車麩、Bを加え、フタをして弱火で30〜40分煮る。

5 器に4を盛り、ゆずこしょうを添える。

材料と作り方（2人分）

鶏胸肉 ── 200g　塩 ── 少々

サラダ油 ── 小さじ½

A
- 長ねぎの青い部分 ── 5cm
- 酒、しょうゆ ── 各大さじ2
- 砂糖 ── 小さじ2
- 水 ── 1カップ

B
- 片栗粉 ── 大さじ½
- 水 ── 大さじ1½

紫玉ねぎ（薄切りにして水にさらす）
── ¼個

ゆずこしょう ── 適量

1　鶏肉は塩をすりこむ。

2　フライパンにサラダ油を中火で熱し、1を皮目を下にして入れ、こんがり焼き色がつくまで焼く。上下を返してさっと焼いて取り出す。

3　厚手の鍋にAを入れて強火にかけ、煮立ったら2を入れる。再び煮立ったらフタをして2分ほど煮て、火を止めてそのまま1時間30分ほどおく。薄手の鍋の場合はタオルで包んで保温する。

4　3の煮汁1カップを漉して小鍋に入れ、強火にかけて煮立ったら混ぜ合わせたBを加えてとろみをつける。

5　3の鶏肉を食べやすく切って器に盛り、紫玉ねぎ、ゆずこしょうを添え、4をかける。

ハムカツ

材料と作り方（2人分）

スライスハム ― 8枚
練り辛子 ― 小さじ½
A｜小麦粉、酒 ― 各大さじ1
小麦粉、パン粉、揚げ油 ― 各適量
レモン（くし形切り） ― ¼個

1 ハム6枚は片面に練り辛子を等分に塗って3枚ずつ重ね、残りのハムをいちばん上に重ねる。計2個作る。

2 1に小麦粉をまぶし、混ぜ合わせたAをからめ、パン粉をつける。

3 揚げ油を180℃に熱し2を入れてこんがりするまで揚げる。

4 器に3を盛り、レモンを添える。

手羽元の塩麹焼き

材料と作り方（2人分）

鶏手羽元 ― 4本
A｜塩麹、酒 ― 各大さじ1
すだち（半分に切る） ― 1個

1 ボウルに鶏肉、Aを入れてからめ、冷蔵庫に6〜7時間おく。

2 グリルを強火で熱し、漬けダレを除いた1を並べ、中火で5〜6分焼く（片面焼きの場合は途中で上下を返す）。

3 器に2を盛り、すだちを添える。

ぶり大根

材料と作り方（2人分）

ぶりの切り身 ── 2切れ
塩 ── 小さじ½
大根 ── 200g
A
- 酒 ── ⅓カップ
- 水 ── 1カップ
- みりん、しょうゆ ── 各大さじ3
- 砂糖 ── 大さじ1

ゆずの皮 ── 適量

1 ぶりは半分に切り、塩をふって10分ほどおく。大根は2〜3cm厚さの半月切りにする。

2 鍋にたっぷりの熱湯を沸かし、大根を入れて10分ほどゆでてザルに上げる。次にぶりを入れてさっとくぐらせ、水に取り、水気をふき取る。

3 別の鍋に2、Aを入れて強火にかけ、煮立ったら紙ブタをし、中火で煮汁が少し残るくらいになるまで15〜20分煮る。

4 器に3を盛り、ゆずの皮をのせる。

揚げ卵の香菜ソース

材料と作り方（2人分）

卵 ── 2個
香菜 ── 20g
A
- 赤唐辛子（小口切り）── 1本
- レモンの搾り汁 ── 大さじ1
- 薄口しょうゆ ── 大さじ½
- 砂糖 ── 小さじ2
- 塩 ── 少々

揚げ油 ── 適量

1 卵は1個ずつ小さなボウルに割り入れる。香菜は飾り用に少々取り分けて、残りはみじん切りにする。

2 別のボウルにA、みじん切りにした香菜を入れて混ぜる。

3 フライパンに揚げ油を5mm深さほど入れて強火で熱し、卵を1個落とし入れる。こんがり揚げ色がつくまで揚げ、上下を返して揚げ色がつくまで揚げて取り出す。残りも同様に計2個揚げる。

4 3の揚げ油をあけ、2を入れて中火にかけ、煮立ったら3を加えてからめる。

5 器に4を盛り、飾り用の香菜を添える。

納豆チーズオムレツ

材料と作り方（2人分）

納豆 ── 2パック

A｜納豆の付属のタレ（またはしょうゆ大さじ½）── 1パック分

万能ねぎ ── 4本

卵 ── 3個

B｜だし ── 大さじ3
　｜マヨネーズ ── 大さじ½
　｜塩 ── 少々

サラダ油 ── 小さじ2

ピザ用チーズ ── 40g

1　万能ねぎは小口切りにし、飾り用に少々取り分けておく。

2　納豆はA、万能ねぎを加えて混ぜる。

3　ボウルに卵を溶きほぐし、Bを加えて混ぜる。

4　直径20cmのフライパンにサラダ油小さじ１を中火で熱し、3の半量を流し入れ、大きく混ぜて半熟状に火を通す。ピザ用チーズ半量を散らし、2の半量を横一筋になるようにのせ、卵の上下を折りたたんでオムレツ状に整える。残りも同様に作る。

5　器に4を盛り、飾り用の万能ねぎをのせる。

豆腐と揚げ玉の卵とじ

材料と作り方（2人分）

絹ごし豆腐 ── 小1丁（200g）

卵 ── 2個

長ねぎ（5mm幅の小口切り）── ½本

絹さや ── 8枚

A｜だし ── ½カップ
　｜薄口しょうゆ ── 大さじ1½
　｜酒、みりん ── 各大さじ1
　｜砂糖 ── 小さじ1

揚げ玉 ── 大さじ3（10g）

1　豆腐はペーパータオルで包んで10分ほどおき、ひと口大に切る。卵は溶きほぐす。絹さやは熱湯でさっとゆで、斜め細切りにする。

2　フライパンにA、長ねぎ、豆腐を入れ、中火にかけて3〜4分煮る。強火にして卵を回し入れ、揚げ玉を散らし、フタをして卵が好みの加減になるまで火を通し、絹さやを散らす。

豚の黒酢角煮

材料と作り方（作りやすい分量）

豚バラかたまり肉 ── 400g

A｜にんにく、しょうが（薄切り）
　　── 各1かけ
　酒 ── ½カップ
　水 ── 4カップ

B｜黒酢または酢、砂糖
　　── 各大さじ3
　しょうゆ ── 大さじ½
　塩 ── 小さじ1

C｜片栗粉 ── 大さじ1
　水 ── 大さじ2

ごま油 ── 小さじ1

長ねぎ（せん切りにして水にさらす）
　── 適量

1 豚肉は3〜4等分に切り、熱湯で2分ゆで、水気をきる。

2 鍋に1、Aを入れ、紙ブタをして中火にかけ、煮立ったら火を弱めて竹串を刺してすっと通るようになるまで1時間〜1時間30分ゆでる。

3 2の豚肉を取り出す。ゆで汁は漉して3カップを取り分ける。

4 鍋をさっと洗い、豚肉、取り分けたゆで汁、Bを入れて弱火にかけ、20〜30分煮る。混ぜ合わせたCを加えてとろみをつけ、ごま油を加える。

5 器に4を盛り、長ねぎをのせる。

薄焼き卵のシューマイ

材料と作り方（作りやすい分量）

A
- 片栗粉 ── 大さじ½
- 水 ── 大さじ2
- 塩 ── 少々

卵 ── 2個
サラダ油、いり白ごま ── 各適量
玉ねぎ（みじん切り）── ½個
豚ひき肉 ── 150g
片栗粉 ── 大さじ1

B
- しょうが（すりおろす）── 1かけ
- 塩 ── 小さじ⅓
- しょうゆ ── 小さじ1
- ごま油 ── 小さじ½

1 ボウルにAを入れて混ぜ、卵を割り入れて溶きほぐす。玉ねぎは耐熱皿に入れてラップをして電子レンジで1分ほど加熱して冷まし、水気を絞る。

2 卵焼き器を熱してサラダ油を薄く塗り、1の卵液の⅓量を流し入れて両面をさっと焼く。残りも同様に計3枚焼き、半分に切る。

3 ボウルにひき肉を入れ、Bを順に加えてそのつど混ぜ、1の玉ねぎに片栗粉をまぶしたものを加えて混ぜる。6等分して片栗粉（分量外）をまぶし、2で包み、ごまをのせる。蒸気の上がった蒸し器で10分ほど蒸す。

お刺身盛り合わせ つけダレ2種

材料と作り方（2人分）

まぐろ、鯛（各刺身用さく）、
　帆立貝柱（刺身用）— 合わせて150g
青じそ — 適量
わかめ（塩蔵）、ブロッコリースプラウト、
　わさび（すりおろす）— 各適量

〈煎り酒〉

A｜梅干し（種を除いて粗くつぶす）— 1個
　｜昆布 — 3cm角1枚
　｜酒 — ½カップ
　｜みりん — 大さじ1
　｜砂糖 — 小さじ1
　｜塩 — 小さじ⅕
かつお節 — 1パック
薄口しょうゆ — 小さじ1

〈ごぼうしょうゆ〉

ごぼう — ¼本（40g）
B｜だし — ½カップ
　｜酒 — 大さじ2
しょうゆ — 大さじ1
塩 — 小さじ⅓

1. まぐろ、鯛はそぎ切りにする。帆立は厚みを半分に切る。青じそは縦3等分に切り、鯛に1切れずつのせて半分に折る。
2. わかめは水で洗ってから戻し、食べやすく切る。スプラウトは3cm長さに切る。
3. 煎り酒を作る。小鍋にAを入れて中火にかけ、煮立ったら弱火で2分ほど煮る。かつお節を加えて弱火でさらに2分ほど煮て火を止める。そのまま冷まし、漉して薄口しょうゆを加える。
4. ごぼうしょうゆを作る。ごぼうは5mm厚さの小口切りにする。小鍋にごぼう、Bを入れ、ごぼうがやわらかくなるまでフタをして弱火で10〜15分煮る。ミキサーに移し入れてしょうゆ、塩を加え、なめらかになるまで攪拌する。
5. 器に1、2、わさびを盛り、3、4を添える。

鶏レバーの花椒しょうゆ漬け

材料と作り方（作りやすい分量）

鶏レバー ── 300g
牛乳 ── 適量

A
- にんにく（薄切り）、しょうがの皮 ── 各少々
- 水 ── 4カップ

B
- 花椒、砂糖 ── 各小さじ1
- しょうが（細切り）── 1かけ
- しょうゆ ── 大さじ3
- 酒 ── 大さじ1½

1 レバーは半分に切って水に10分ほどさらし、よくふり洗いする。水気をきってかぶるくらいの牛乳をかけてさらに10分ほどおき、水で洗い、水気をきる。

2 鍋にA、レバーを入れて中火にかけ、煮立ったらアクを除き、弱めの中火で2分ほど煮る。火を止めてそのまま5分ほどおき、ザルに上げる。

3 ボウルにBを混ぜ合わせ、2を加えて10分以上漬ける。

あじのから揚げ土佐酢かけ

材料と作り方（2人分）

小あじ ── 6尾
塩 ── 小さじ½
小麦粉、揚げ油 ── 各適量
土佐酢（p.92）* ── 大さじ3

A
- 青じそ（せん切り）── 5枚
- みょうが（小口切り）── 1個

*代用…酢大さじ2、だし大さじ1、砂糖小さじ¾、塩・しょうゆ各小さじ¼を混ぜ、かつお節大さじ1½を入れてひと煮する。

1 あじは頭を切り落とし、腹を斜めに切って内臓を除いて水でよく洗う。塩をふって10分ほどおき、水気をふき取り、小麦粉をまぶす。

2 揚げ油を180℃に熱し、1を入れてカリッとするまで7〜8分揚げる。

3 器に2を盛って土佐酢をかけ、Aをのせる。

れんこんの明太はさみ天ぷら

材料と作り方（2人分）

れんこん ── 2cm
辛子明太子 ── ½腹
焼きのり ── 全形¼枚
小麦粉、揚げ油 ── 各適量
A｜天ぷら粉 ── 大さじ4
　｜水 ── 大さじ3

1 れんこんは5mm厚さの輪切りにし（4枚に切る）、小麦粉をまぶす。

2 焼きのりを置き、手前に明太子をのせて巻き、長さを半分に切る。

3 1のれんこん2切れで2をはさむ。残りも同様に計2個作り、混ぜ合わせたAをからめる。

4 揚げ油を180℃に熱し、3を入れてときどき返しながら2〜3分揚げる。

トマトの肉巻き照り焼き

材料と作り方（2人分）

トマト ── 1個
A｜しょうが（すりおろす）
　｜　── ½かけ
　｜塩 ── 少々
豚ロース薄切り肉 ── 6枚（80g）
小麦粉、サラダ油 ── 各適量
照り焼きダレ（p.92）* ── 大さじ2
*代用…しょうゆ・酒各小さじ2、砂糖・みりん各小さじ1を混ぜ合わせる。

1 トマトは6等分のくし形切りにし、Aをまぶす。

2 豚肉は1枚ずつ広げ、肉1枚に1を1切れのせて全体を覆うように巻く。残りも同様に計6個作り、小麦粉をしっかりまぶす。

3 フライパンにサラダ油を5mm深さ入れて強火で熱し、2を入れて返しながらこんがり揚げ焼きにして取り出す。

4 3のフライパンのサラダ油をあけ、照り焼きダレを入れて中火にかけ、煮立ったら3を戻し入れてからめる。

魚のかま焼き

材料と作り方（2人分）

鯛のかま ── 2切れ（170g）

塩 ── 小さじ⅔　酒 ── 大さじ1

A｜大根おろし、万能ねぎ（小口切り）
　 ── 各適量

1　かまは塩をふって20〜30分おき、水気をふき取り、酒をまぶす。

2　グリルに1を入れて弱めの中火で両面を約10分ずつ焼く。

3　器に2を盛り、混ぜ合わせたAを添える。

油揚げのチーズ焼き

材料と作り方（2人分）

油揚げ ── 1枚

A｜ピザ用チーズ ── 40g
　｜アンチョビ（フィレ。みじん切り）
　｜ ── 2切れ

粉チーズ ── 大さじ1

1　油揚げは長辺に切り込みを入れて袋状に開く。混ぜ合わせたAを詰めて平らにし、上面に粉チーズをのせ、オーブントースターでカリッとするまで7〜8分ほど焼く。

2　1を食べやすく切って器に盛る。

モッツァレラの生ハム巻き

材料と作り方（2人分）

モッツァレラチーズ ── ½個
生ハム ── 4枚
バジル ── 適量

1 モッツァレラチーズは4等分に切る。

2 生ハムは1枚ずつ広げ、ハム1枚にモッツァレラチーズ1切れをのせて全体を覆うように巻く。残りも同様に計4個作る。

3 焼き網を熱し、2をのせて全体をさっと焼く。

4 器に3を盛り、バジルを添える。

鶏肉のモツ煮風

材料と作り方（2人分）

鶏もも肉 ── 1枚
こんにゃく ── ½枚
にんじん、ごぼう ── 各⅓本
サラダ油 ── 大さじ½
A｜だし ── 1½カップ
　｜酒 ── 大さじ1
B｜にんにく（すりおろす） ── ½かけ
　｜みそ ── 大さじ2
　｜しょうゆ ── 大さじ½
わけぎ（小口切り） ── 適量

1 鶏肉は2cm角に切る。こんにゃくは小さめのひと口大にちぎり、熱湯でさっとゆでてザルに上げる。にんじんは7〜8mm厚さのいちょう切りにする。ごぼうは1cm幅の斜め切りにする。

2 鍋にサラダ油を中火で熱し、鶏肉を入れて炒め、肉の色が変わったらごぼう、にんじん、こんにゃくの順に加えてそのつど炒め、全体に油が回ったらAを加え、煮立ったらアクを除いて10分ほど煮る。

3 2にBを加えて弱火で15〜20分煮る。

4 器に3を盛り、わけぎをのせる。

えびのワンタン揚げ

材料と作り方（2人分）

殻つきえび ── 4尾
A｜酒 ── 大さじ1
　｜塩 ── 少々
ワンタンの皮 ── 8枚
B｜小麦粉、水 ── 各大さじ1/2
揚げ油 ── 適量
C｜粉山椒 ── 小さじ1/5
　｜塩 ── 小さじ1
すだち（半分に切る）── 1個

1 えびは尾を残して殻をむき、背ワタを除き、腹側に3〜4か所切り込みを入れ、Aをまぶす。ワンタンの皮は細切りにする。

2 えびに混ぜ合わせたBをからめ、1尾につきワンタンの皮1/6量を巻きつけるようにしてつける。

3 揚げ油を180℃に熱し、2を入れて1分ほど揚げる。

4 器に3を盛り、混ぜ合わせたCを少々、すだちを添える。

はんぺんツナフライ

材料と作り方（2人分）

はんぺん ── 1枚
ツナ缶 ── 小1缶（80g）
玉ねぎ ── 1/8個
A｜マヨネーズ ── 大さじ1
　｜カレー粉 ── 小さじ1
小麦粉、溶き卵、パン粉、揚げ油 ── 各適量

1 はんぺんは三角形になるように4等分に切り、切り口に切り込みを入れる。

2 ツナは汁気をしっかりきる。玉ねぎはみじん切りにする。

3 ボウルにツナ、玉ねぎ、Aを入れて混ぜる。はんぺん1切れの切り口に1/4量詰める。残りも同様に計4個作り、小麦粉、溶き卵、パン粉の順に衣をつける。

4 揚げ油を180℃に熱し、3を入れてときどき返しながらこんがり揚げ色がつくまで2〜3分揚げる。

コラム3

人が集まるときは全国の地ビールで盛り上がります

以前、「いつもありがとう」という銘柄の
一升瓶ほどもある大きな地ビールをいただいたことがありました。
びっくりしたのと同時に、とてもうれしくて、
そのことがあってから、日本の地ビールに注目するようになりました。
どれも香りがよくて大好きなのですが、普段飲むにはちょっとお高め。
おもに人が集まるときにお出しすることにしています。
デザインがカラフルでキレイなものが多いので、
いろんな銘柄をそろえておき、
好きなものを選んでいただくと、ワイワイ盛り上がります。
地ビールは個性的な味のものが多く、
合わせる料理を選ぶところがあるので、
わが家ではとりあえずの一杯にすることが多いです。

三章

ほろ酔いにしみる小鍋と汁もの

呑みすすんだところで、だしのきいた温かい小鍋や汁ものをいただいてほっとひと息。冷酒やビールで冷えたおなかも温まって心地よいものです。 冬や花冷えの日のお通し代わりにもおすすめです。

手間を省いて すぐにおいしい 藤井流だしの ストック術です

あると便利な和風だし、まとめてとっておくととても重宝します。半歩手前まで準備してストックしておくと、使いやすくておすすめ。昆布は水に浸したまま保存びんに入れて冷蔵庫に常備（昆布水）。煮干しは頭と内臓を取り、生臭さを消すために乾煎りして保存袋に。これがあるだけで、だしをとるのが格段にラクになります。

※だしのとり方／鍋に昆布水5カップを注ぎ、煮立ったらかつお節20gを入れ、すぐに火を止める。かつお節が沈むまでおき、そっと漉す。煮干しの場合は、昆布水3カップと乾煎りした煮干し20gを火にかけ、煮立つ直前に火を止めて煮干しを取り出す。

トマトと豆腐のレモン鍋

材料と作り方（2人分）

トマト ── 2個

絹ごし豆腐 ── 1丁（300g）

レモン（国産） ── $\frac{1}{2}$個

A ｜ だし ── 3カップ

　 ｜ 塩 ── 小さじ$1\frac{1}{3}$

ごま油 ── 小さじ1

1 トマト１個はすりおろし、残りは6等分のくし形切りにする。豆腐は4等分に切る。レモンは輪切りにする。

2 小鍋にA、すりおろしたトマト、豆腐を入れて中火にかけ、煮立ったらアクを除き、残りのトマトを加え、弱火で5〜6分煮て火を止める。レモンを加え、ごま油をかける。

豚バラおろし小鍋

材料と作り方（2人分）

豚バラ肉しゃぶしゃぶ用 ── 150g
大根おろし
　── 軽く水気をきって2カップ
A | だし ── 1½カップ
　| みりん ── 大さじ½
　| 塩、しょうゆ ── 各小さじ1
粗びき黒こしょう ── 適量

1　小鍋に大根おろし、Aを入れて中火にかけ、煮立ったらアクを除き、豚肉をほぐして加える。途中、アクが出たら除き、肉に火が通るまで煮て、粗びき黒こしょうをふる。

湯葉の豆乳ごま風味小鍋

材料と作り方（2人分）

生湯葉 ── 150g
万能ねぎ ── 5本
A | 白みそ ── 大さじ3
　| 練り白ごま ── 大さじ1
　| 塩 ── 小さじ⅓
だし、豆乳 ── 各1½カップ

1　生湯葉は食べやすく切る。万能ねぎは3cm長さに切る。

2　小鍋にAを入れて混ぜ、だしを少しずつ加えながら混ぜる。

3　2の鍋を中火にかけ、煮立ったらアクを除き、豆乳、生湯葉を加え、再び煮立ったら万能ねぎを加える。

油揚げと水菜の小鍋

材料と作り方（2人分）

油揚げ ── 1枚
水菜 ── 150g
A｜だし ── 3カップ
　｜しょうゆ ── 小さじ1
　｜塩 ── 小さじ½
七味唐辛子 ── 適量

1 油揚げはひと口大に切る。水菜は5cm長さに切る。

2 フライパンを中火で熱し、油揚げを入れて両面をこんがり焼く。

3 小鍋にA、油揚げを入れて中火にかけ、煮立ったら弱火にして5分ほど煮る。水菜を加えてさっと煮て、七味唐辛子をふる。

焼きいわしとしいたけの小鍋

材料と作り方（2人分）

いわし（三枚におろしたもの）
　── 1尾
塩 ── 小さじ⅓
しいたけ ── 2枚
三つ葉、しょうが（すりおろす）── 各適量
A｜だし ── 1½カップ
　｜酒 ── 大さじ2
B｜しょうゆ ── 小さじ½
　｜塩 ── 小さじ⅓

1 いわしは長さを3等分に切り、塩をふって10分ほどおき、水気をふき取る。しいたけは3等分の薄切りにする。三つ葉は葉を摘み、茎は5mm長さに切る。

2 グリルを熱し、いわしを並べて中火で両面にこんがり焼き色がつくまで3〜4分焼く。

3 小鍋にA、2、しいたけを入れて中火にかけ、煮立ったら2〜3分煮てBを加える。三つ葉の茎を加えて火を止め、三つ葉の葉、しょうがをのせる。

牛肉とクレソンの小鍋

材料と作り方（2人分）

牛こま切れ肉 ── 150g
クレソン ── 100g
A｜だし ── 2カップ
　｜みりん、しょうゆ ── 各大さじ2
温泉卵 ── 2個

1 牛肉は大きければ食べやすく切る。クレソンは葉を摘み、茎は4cm長さに切る。

2 小鍋にAを入れて中火にかけ、煮立ったらクレソンの茎、牛肉を入れて肉の色が変わるまで煮る。火を止めてクレソンの葉を加える。別の器に温泉卵を添えて、つけて食べる。

牛すじとキャベツの小鍋

材料と作り方（2人分）

牛すじ肉 ── 100g
キャベツ ── 200g
にら ── ½束
A｜水 ── 4カップ
　｜青ねぎの青い部分
　｜　── 1本分
　｜酒 ── 大さじ2
B｜だし ── 2カップ
　｜みそ ── 大さじ2
　｜豆板醤 ── 小さじ1

1 牛肉は下ゆでして食べやすく切り、鍋にAとともに入れ、60分ゆでる。キャベツは5cm角に切る。にらは4cm長さに切る。

2 小鍋にBを入れて混ぜ、牛すじ肉を加えて中火にかける。煮立ったらキャベツ、にらを加え、野菜がしんなりするまで煮る。

三平汁風小鍋

材料と作り方（2人分）

塩鮭の切り身 — 2切れ
大根 — 5cm
じゃが芋 — 1個
にんじん、長ねぎ — 各⅓本
A | 昆布 — 5cm角1枚
  | 水 — 2½カップ
酒 — 大さじ2
塩 — 小さじ½

1 鮭はひと口大に切る。大根は5mm厚さのいちょう切りにする。じゃが芋は4等分に切る。にんじんは5mm厚さの輪切りにする。長ねぎは7〜8mm幅の斜め切りにする。

2 Aは合わせて1時間ほどおく。昆布を取り出し、細切りにする。

3 小鍋に昆布、2、酒、鮭、大根、じゃが芋、にんじんを入れて中火にかけ、煮立つ直前にアクを除き、15分ほど煮る。

4 3の鍋に塩、長ねぎを加えてさっと煮る。

揚げ里芋ときのこの小鍋

材料と作り方（2人分）

里芋 — 4個
片栗粉、揚げ油 — 各適量
しめじ、まいたけ — 各½パック
小松菜 — 100g
A | だし — 2½カップ
  | しょうゆ — 小さじ1
  | 塩 — 小さじ½

1 里芋はよく洗って皮つきのまま耐熱皿に入れてラップをし、電子レンジで4分ほど加熱し、そのまま2分ほど蒸らす。皮をむいて半分に切り、片栗粉をまぶし、180℃に熱した揚げ油に入れてカリッとするまで揚げる。

2 しめじ、まいたけは小房に分ける。小松菜は塩少々（分量外）を入れた熱湯でゆでてザルに上げ、冷めたら5cm長さに切る。

3 小鍋にAを入れて中火にかけ、煮立ったらしめじ、まいたけを入れ、再び煮立ったら1、小松菜を加えてさっと煮る。

豆腐とかぶの小鍋

材料と作り方（2人分）

絹ごし豆腐 ── 1丁（300g）
かぶ ── 4個
かぶの茎 ── 1個分
だし ── 2カップ
塩 ── 小さじ½
塩昆布 ── 10g

1 豆腐は4等分に切る。かぶはすりおろす。かぶの茎は熱湯でさっとゆで、小口切りにする。

2 小鍋にだし、すりおろしたかぶを入れて中火にかけ、煮立ったらアクを除き、塩、豆腐を入れて弱火で5〜6分煮る。かぶの茎、塩昆布をのせる。

つみれと青ねぎの小鍋

材料と作り方（2人分）

さばの切り身 ── 2切れ
青ねぎ ── 2本
A｜昆布 ── 5㎝角1枚
　｜水 ── 2カップ
B｜しょうが酒（p.93）* ── 大さじ1強
　｜みそ、小麦粉 ── 各大さじ1
C｜しょうゆ ── 小さじ1
　｜塩 ── 小さじ⅓

*代用…しょうがのすりおろし小さじ½、酒大さじ1を混ぜる。

1 さばは骨を除いてざく切りにする。青ねぎは斜め薄切りにする。

2 Aは合わせて1時間ほどおく。

3 フードプロセッサーにさばを入れてミンチ状になるまで撹拌し、Bを加えてひとまとまりになるまでさらに撹拌する。

4 小鍋に2を入れて中火にかけ、煮立つ直前に昆布を除き、3をひと口大に丸めて加える。煮立ったらアクを除き、2〜3分煮て、C、青ねぎを加える。

しらすの卵とじ汁

材料と作り方（2人分）

釜揚げしらす — 20g

A
- だし — 1½カップ
- しょうゆ — 小さじ½
- 塩 — 小さじ⅓

卵 — 1個

1 鍋にAを入れて中火にかけ、煮立ったら溶きほぐした卵を回し入れ、ふんわり浮くまで煮て、しらすを加える。

和風水ギョーザ汁

材料と作り方（2人分）

鶏ひき肉 — 60g

A
- れんこん（すりおろして軽く水気をきる） — ⅓節
- 青じそ（みじん切り） — 5枚
- しょうが酒（p.93）* — 大さじ½強
- みそ — 小さじ1

ギョーザの皮 — 8枚

B
- 煮干しだし — 2カップ
- 塩、しょうゆ — 各小さじ⅓

いり白ごま — 適量

*代用…しょうがのすりおろし小さじ¼、酒大さじ½を混ぜる。

1 ボウルにひき肉、Aを入れてよく混ぜる。

2 ギョーザの皮1枚に1の⅛量をのせ、皮の縁に水適量（分量外）を塗り、半分に折り、両端を合わせて留める。残りも同様に計8個作る。

3 鍋にBを入れて中火にかけ、煮立ったら2を入れて浮いてくるまで2分ほど煮る。

4 器に3を盛り、ごまを散らす。

三つ葉とわさびのすまし汁

材料と作り方（2人分）

三つ葉（葉を摘み、茎は5mm長さに切る） — 10g

わさび（すりおろす）、お茶漬け用あられ — 各適量

A
- だし — 1½カップ
- 塩、しょうゆ — 各小さじ⅓

B
- だし — 大さじ1
- 片栗粉 — 大さじ½

1 鍋にAを入れて中火にかけ、煮立ったら混ぜ合わせたBを加えてとろみをつける。

2 器に1を盛り、三つ葉、わさび、あられを入れる。

四章

ちょっぴりなのに
おなか満足
〆のごはん、めん

普段、〆を食べない私がどうしても食べたい！
と思う厳選のごはんとめんです。
ひと口食べることで、呑みに区切りがつくのも
〆のよいところだと思います。

太る心配がないよう少しで満足できる〆を考えました

ごはんは大好きなのですが、呑んだうえに食べると
胃がもたれるし、確実に太るので控えるようにしています。
どうしても食べたいときは、
週に3日まではOKのマイルールを決めています。
辛子明太子やわさびでパンチをきかせたり、
しらす干しや桜えびのうま味を生かしたりすると、
少量でも満足感が得やすくなります。

深川丼

材料と作り方（2人分）

あさり（むき身）― 100g
にんじん ― 1/3本
わけぎ ― 3本
A｜だし ― 1/3カップ
　｜みそ ― 大さじ2
　｜しょうが酒（p.93）* ― 大さじ1強
　｜砂糖 ― 大さじ1/2
温かいごはん ― 軽く茶碗2杯分

*代用…しょうがのすりおろし小さじ1/2、酒大さじ1を混ぜる。

1. あさりは塩水（分量外）でふり洗いして水気をふき取る。にんじんは細切りにする。わけぎは3cm長さの斜め切りにする。
2. 鍋にAを入れて混ぜ、中火にかけ、煮立ったらにんじん、わけぎを加えて3〜4分煮て、あさりを加えて2分ほど煮る。
3. 器にごはんを盛り、2をかける。

わさびそうめん

材料と作り方（2人分）

そうめん ── 1束（50g）

A　だし ── 2カップ
　　塩 ── 小さじ⅓

B　わさび（すりおろす）、
　　刻みのり ── 各適量

1　そうめんはたっぷりの熱湯で表示の時間通りにゆで、水に取ってもみ洗いし、水気をきる。

2　鍋にAを入れて中火にかけ、煮立ったらそうめんを入れて温まるまで煮る。

3　器に2を盛り、Bをのせる。

明太とろろ丼

材料と作り方（2人分）

辛子明太子 ── ½腹
長芋 ── 10cm
貝割れ菜、しょうゆ ── 各適量
温かいごはん ── 軽く茶碗2杯分

1　明太子は薄皮を除く。長芋は細かくたたく。貝割れ菜は半分の長さに切る。

2　器にごはんを盛り、長芋、明太子、貝割れ菜をのせ、しょうゆをかける。

からすみそば

材料と作り方（2人分）

日本そば（乾麺）— 100g

A ごま油、オリーブオイル
— 各小さじ1

からすみパウダー — 大さじ2〜3

1 そばはたっぷりの熱湯で表示の時間通りにゆでて冷水に取り、水気をきり、A、からすみパウダーの半分をからめる。

2 器に1を盛り、残りのからすみパウダーをかける。

揚げ桜えびごはん

材料と作り方（2人分）

釜揚げ桜えび — 40g

酒 — 大さじ1

小麦粉 — 大さじ2

揚げ油、万能ねぎ（小口切り）
— 各適量

しょうゆ — 大さじ½

温かいごはん — 軽く茶碗2杯分

1 ボウルに桜えびを入れて酒をまぶし、小麦粉を加えて混ぜる。

2 揚げ油を180℃に熱し、1を少しずつつまんで入れ、カリッとするまで2分ほど揚げる。熱いうちにしょうゆをまぶし、ごはんに加えてさっくり混ぜる。

3 器に2を盛り、万能ねぎをのせる。

冷汁そうめん

材料と作り方（2人分）

あじの干物 ── 小1枚

A | 酒 ── 大さじ2
  | すり白ごま、みそ ── 各大さじ1

水 ── 3/4カップ

そうめん ── 1束（50g）

B | 氷 ── 4〜6かけ
  | きゅうり（輪切り）── 1/4本
  | 青じそ、みょうが（各せん切り）── 各適量

1 あじはグリルでこんがり焼き、骨と皮を除く。フードプロセッサーにあじ、Aを入れてなめらかになるまで撹拌する。

2 オーブントースターの天板に1を平らに広げ、薄く焼き色がつくまで焼く。ボウルに移し入れ、分量の水を少しずつ加えて混ぜる。

3 そうめんはたっぷりの熱湯で表示の時間通りにゆで、もみ洗いし、水気を絞る。

4 器に3を盛り、2をかけ、Bをのせる。

しらす薬味丼

材料と作り方（2人分）

釜揚げしらす ── 40g

卵黄 ── 2個分

温かいごはん ── 軽く茶碗2杯分

青じそ（せん切り）、しょうゆ
── 各適量

1 器にごはんを盛り、しらす、卵黄、青じそをのせ、しょうゆをかける。

こしょう茶漬け

材料と作り方（2人分）

A｜緑茶、だし —— 各3/4カップ
　｜塩 —— 小さじ1/5

温かいごはん —— 軽く茶碗1杯分

たくあん（みじん切り）—— 5cm

粒黒こしょう（つぶす）—— 小さじ1/2

1　小鍋にAを入れて中火にかけ、煮立ったら火を止める。

2　器にごはんを盛ってたくあんをのせ、黒こしょうをふり、1をかける。

ねぎ茶漬け

材料と作り方（2人分）

長ねぎ（5cm長さの細切り）—— 10cm

ザーサイ（細切り）—— 20g

A｜緑茶、だし —— 各3/4カップ
　｜塩 —— 小さじ1/5

温かいごはん —— 軽く茶碗1杯分

いり白ごま —— 適量

1　長ねぎ、ザーサイは混ぜ合わせる。

2　小鍋にAを入れて中火にかけ、煮立ったら火を止める。

3　器にごはんを盛り、1をのせ、2をかけ、ごまを散らす。

じゃこおろし丼

材料と作り方（2人分）

ちりめんじゃこ —— 20g

ごま油 —— 小さじ1

温かいごはん —— 軽く茶碗2杯分

大根おろし —— 軽く水気をきって1/2カップ

しょうゆ —— 適量

1　フライパンにごま油、ちりめんじゃこを入れて中火にかけ、薄く色づくまで炒める。

2　器にごはんを盛り、大根おろし、1をごま油ごとのせ、しょうゆをかける。

五章

居酒屋の知恵

作り置き
おつまみと
下ごしらえ

時間がないときは、作り置きおつまみや下ごしらえをした食材があれば心強いもの。忙しくてもスマートに店を仕切るプロの知恵を取り入れたわが家のストック術をご紹介します。

作り置きおつまみ

塩蒸し豆

保存期間／冷蔵庫で6〜7日間

材料と作り方（作りやすい分量）

好みの豆（乾物。白いんげん豆、黒豆、青大豆など）— 300g
塩 — 大さじ½

1 豆は合わせてボウルに入れ、たっぷりの水（分量外）を注いで一晩浸す。

2 1の水気をきって塩をまぶす。蒸気の上がった蒸し器に入れ、中火で好みの硬さになるまで30〜40分蒸す。

3 冷まして保存容器に入れる。

こんにゃくそぼろ煮

保存期間／冷蔵庫で4〜5日間

材料と作り方（作りやすい分量）

こんにゃく（白、黒）— 各1枚（計600g）
牛ひき肉 — 200g
酒 — 大さじ3
水 — 1カップ
A ｜ みりん、しょうゆ — 各大さじ3
　 ｜ 実山椒の佃煮 — 大さじ1〜2
　 ｜ 砂糖 — 小さじ1

1 こんにゃくはスプーンでひと口大にちぎり、熱湯で2〜3分ゆでて湯を捨てる。再び鍋に戻し入れて中火にかけ、チリチリと音がするまで炒りつける。

2 別の鍋にひき肉、酒を入れて中火にかけ、箸で混ぜながら肉の色が変わるまで炒りつける。

3 2の鍋に分量の水を加え、煮立ったらアクを除き、こんにゃく、Aを加え、フタをして汁気が少し残るくらいになるまで20〜30分煮る。

4 冷まして保存容器に入れる。

たくあんのじゃこ煮

保存期間／冷蔵庫で4〜5日間

材料と作り方（作りやすい分量）

たくあん ── 250g
ちりめんじゃこ ── 30g
赤唐辛子 ── 1本
A｜酒 ── 大さじ1½
　｜みりん ── 大さじ½
　｜しょうゆ ── 大さじ1
　｜水 ── 1カップ
ごま油 ── 小さじ1

1 たくあんは7〜8㎜厚さの輪切りにし、たっぷりの水に一晩浸し、水気を絞る。赤唐辛子は長さを半分に切り、種を除く。

2 鍋にたくあん、赤唐辛子、ちりめんじゃこ、Aを入れてフタをして中火にかけ、汁気がほとんどなくなるまで20〜30分ほど煮て、ごま油を加えて混ぜ、火を止める。

3 冷まして保存容器に入れる。

ゆで大豆

保存期間／冷蔵庫で5〜6日間

材料と作り方（作りやすい分量）

大豆（乾物） ── 300g

1 大豆はボウルに入れてたっぷりの水（大豆の重量の3〜4倍）を注ぎ、一晩浸す。

2 鍋に1の大豆を水ごと移し入れて中火にかけ、煮立ったらアクを除いて弱めの中火で30〜40分ゆで、そのまま冷ます。

3 保存容器に入れる。

ミックスなめたけ

保存期間／冷蔵庫で4〜5日間

材料と作り方（作りやすい分量）

えのきだけ、山えのきだけ、
しめじ ── 計400g
A｜しょうが（みじん切り）
　｜── 1かけ
　｜しょうゆ ── 大さじ6
　｜酒 ── 大さじ4
　｜みりん ── 大さじ2
　｜砂糖 ── 小さじ2

1 えのきだけ2種は2㎝長さに切る。しめじは小房に分ける。

2 鍋に1のきのこ、Aを入れて中火にかけ、煮立ったらときどき混ぜながら2〜3分煮る。

3 冷まして保存容器に入れる。

きゅうりのQチャン風

保存期間／冷蔵庫で6〜7日間

材料と作り方（作りやすい分量）

きゅうり — 4本
塩 — 小さじ1½
A しょうが（せん切り） — 2かけ
　砂糖、酢、しょうゆ
　— 各大さじ1½

1 きゅうりは1cm厚さの輪切りにする。耐熱ボウルに入れ、塩をまぶし、ラップをして電子レンジで1分ほど加熱し、そのまま冷まして水気をしっかり絞る。

2 小鍋にAを入れて中火にかけ、煮立ったら1を加え、再び煮立ったら火を止める。粗熱を取り、煮汁ごとポリ袋に入れて空気を抜いて口を縛り、30分以上おく。

3 保存容器に移し入れる。

和風ピクルス

保存期間／冷蔵庫で6〜7日間

材料と作り方（作りやすい分量）

れんこん — 1節
ごぼう、にんじん — 各1本
かぶ — 4個
A 赤唐辛子（斜め半分に切る） — 2本
　酢、だし — 各1カップ
　砂糖 — 大さじ5
　みりん — 大さじ2
　しょうゆ — 大さじ1
　塩 — 小さじ2

1 れんこんは5mm厚さのいちょう切りにする。ごぼうは5〜6cm長さに切って縦4〜6等分に切る。にんじんは5〜6cm長さ、7〜8mm角の棒状に切る。かぶは4〜6等分のくし形切りにする。

2 れんこん、ごぼうは、酢少々（分量外）を入れた熱湯でそれぞれ2分ずつゆで、ザルに上げる。

3 別の鍋にAを入れて強火にかけ、煮立ったらにんじん、かぶ、れんこん、ごぼうを加えて30秒ほど煮て火を止める。ときどき混ぜながら冷ます。

4 保存容器に入れる。

小松菜、青梗菜の漬け物風

保存期間／冷蔵庫で3～4日間

材料と作り方（作りやすい分量）

小松菜 ― 200g
青梗菜 ― 2株
A｜赤唐辛子（小口切り）― 2本
　｜煮干しだし ― 1½カップ
　｜砂糖、しょうゆ、酢
　｜　― 各小さじ2
　｜塩 ― 小さじ1½

1 小松菜は根元に十字に切り込みを入れる。青梗菜は縦4～6等分に切る。小松菜、青梗菜は塩少々（分量外）を入れた熱湯でそれぞれさっとゆで、ザルに上げて冷ます。

2 小鍋にAを入れて中火にかけ、煮立ったら火を止めてそのまま冷ます。

3 保存容器に小松菜、青梗菜を入れて2をかけ、冷蔵庫で1時間以上漬ける。

レタス漬け

保存期間／冷蔵庫で3～4日間

材料と作り方（作りやすい分量）

レタス ― 1個
にんじん ― ⅓本
刻み昆布（乾燥）― 10g
A｜酢、水 ― 各大さじ1
　｜砂糖 ― 大さじ½
　｜塩 ― 小さじ1

1 レタスはざく切りにする。にんじんは細切りにする。刻み昆布は水で戻し、水気をきる。

2 ポリ袋に1、Aを入れ、空気を抜いて口を縛り、冷蔵庫にしんなりするまで5～6時間おく。

3 保存容器に移し入れる。

長芋の梅漬け

保存期間／冷蔵庫で6～7日間

材料と作り方（作りやすい分量）

長芋 ― 10cm
塩 ― 小さじ1強
A｜赤梅酢 ― 1カップ
　｜砂糖 ― 60g

1 長芋は1cm厚さ、3cm角に切り、塩をまぶしてしんなりするまで20分ほどおき、水気をきる。

2 小鍋にAを入れて中火にかけ、煮立ったら火を止めて冷ます。

3 保存容器に長芋、2を入れ、冷蔵庫で5時間ほど漬ける。

作り置き調味料

土佐酢

保存期間／冷蔵庫で2週間

材料と作り方（作りやすい分量）

A
- 酢 ── 1カップ
- だしまたは水 ── $\frac{1}{2}$カップ
- 砂糖 ── 大さじ1
- 塩、しょうゆ ── 各小さじ1

かつお節 ── 10g

1 小鍋にAを入れて中火にかけ、煮立つ直前にかつお節を加えて火を止め、そのまま冷まして漉す。

2 保存容器に入れる。

すし酢

保存期間／冷蔵庫で2週間

材料と作り方（作りやすい分量）

A
- 酢 ── 1カップ
- 砂糖 ── 80g
- 塩 ── 大さじ$1\frac{1}{2}$

昆布 ── 5cm角1枚

1 ボウルにAを入れて混ぜ、保存容器に移し入れ、昆布を加える。

照り焼きダレ

保存期間／冷蔵庫で2週間

材料と作り方（作りやすい分量）

しょうゆ、酒 ── 各$\frac{1}{2}$カップ
砂糖、みりん ── 各$\frac{1}{4}$カップ

1 鍋にすべての材料を入れて中火にかけ、煮立ったら火を止める。

2 冷まして保存容器に入れる。

酢みそ

保存期間／冷蔵庫で10日間

材料と作り方（作りやすい分量）

A｜白みそ — 100g
　｜だしまたは水 — 大さじ4
　｜砂糖 — 大さじ3

B｜ゆずの搾り汁または酢
　｜　— 大さじ4
　｜練り辛子 — 小さじ1

1　小鍋にAを混ぜ合わせて弱火にかけ、混ぜながらぽってりするまで練る。火を止めて冷まし、Bを加えて混ぜる。

2　保存容器に入れる。

基本のドレッシング

保存期間／冷蔵庫で10日間

材料と作り方（作りやすい分量）

オリーブオイル — ½カップ
白ワインビネガー — ¼カップ
玉ねぎ（すりおろす）
　— 大さじ2
塩 — 小さじ½
こしょう — 少々

1　ボウルに白ワインビネガーと玉ねぎ、塩、こしょうを入れ、5分おいてからオリーブオイルを加え、混ぜ合わせる。

2　保存容器に入れる。

しょうが酒

保存期間／冷蔵庫で1週間

材料と作り方（作りやすい分量）

しょうが（すりおろす） — 50g
酒 — 1カップ

1　すべての材料を混ぜ合わせる。

2　保存容器に入れる。

野菜の下ごしらえ

ゆで野菜

保存期間／冷蔵庫で2～3日間

材料と作り方（作りやすい分量）

1　小松菜、青梗菜、絹さや、いんげん各適量は、塩少々（分量外）を入れた熱湯でゆで、ザルに上げて冷まし、水気を絞る。

2　保存容器に入れる。

刻み香味野菜

保存期間／冷蔵庫で2～3日間

材料と作り方（作りやすい分量）

1　長ねぎの白い部分、みょうが、青じそ各適量は、せん切りにして水にさらし、水気をきる。

2　保存容器に入れる。

レタス、サラダ菜

保存期間／冷蔵庫で3～4日間

材料と作り方（作りやすい分量）

1　レタス、サラダ菜各適量は洗って水気をよくきる。

2　ペーパータオルを敷いた保存容器に入れる。

あると便利
買い置き
食材

納豆

辛子明太子

のりの佃煮

釜揚げしらす

桜えび

塩昆布

油揚げ

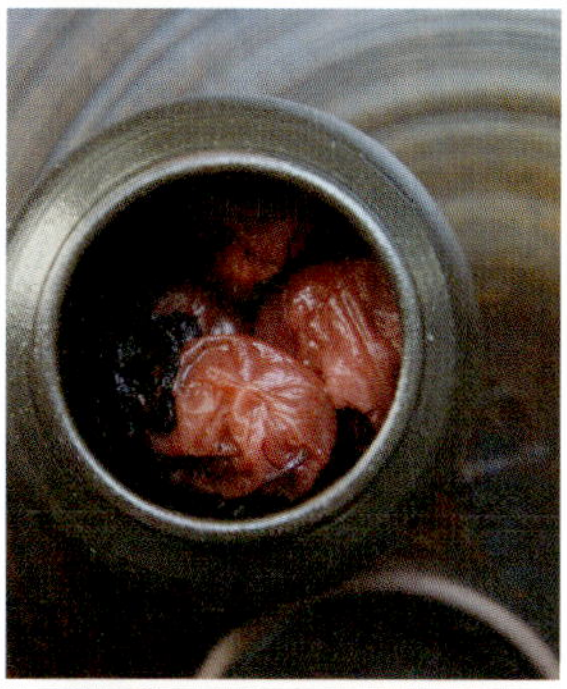

梅干し

ちくわ

はんぺん

揚げ玉

藤井 恵（ふじい・めぐみ）

料理研究家。管理栄養士。居酒屋めぐりがライフワーク。おつまみのこだわりは、ヘルシーさはもちろん、味のメリハリ、美しい盛り付け、そしてリズムのある歯ごたえ。料理とお酒のおいしい関係を追い求め、あくなき挑戦の毎日。

デザイン　天野美保子
撮影　木村 拓（東京料理写真）
スタイリング　大畑純子
編集協力　こいずみきなこ
編集　三宅礼子
校正　株式会社円水社

撮影協力　UTUWA　TEL 03-6447-0070

からだが喜ぶ！
藤井恵の
おつまみ
献立

発行日　2017年9月15日　初版第1刷発行

著　者　藤井 恵
発行者　小穴康二
発　行　株式会社世界文化社
〒102-8187　東京都千代田区九段北 4-2-29
TEL 03-3262-5118（編集部）
TEL 03-3262-5115（販売部）
印刷・製本　凸版印刷株式会社

©Megumi Fujii, 2017. Printed in Japan

ISBN 978-4-418-17331-0

無断転載・複写を禁じます。
定価はカバーに表示してあります。
落丁・乱丁のある場合はお取り替えいたします。